BEI GRIN MACHT SICH IHR WISSEN BEZAHLT

- Wir veröffentlichen Ihre Hausarbeit,
  Bachelor- und Masterarbeit

- Ihr eigenes eBook und Buch -
  weltweit in allen wichtigen Shops

- Verdienen Sie an jedem Verkauf

Jetzt bei www.GRIN.com hochladen und kostenlos publizieren

Bibliografische Information der Deutschen Nationalbibliothek:

Die Deutsche Bibliothek verzeichnet diese Publikation in der Deutschen National-bibliografie; detaillierte bibliografische Daten sind im Internet über http://dnb.d-nb.de/ abrufbar.

Impressum:

Copyright © 2003 GRIN Verlag, Open Publishing GmbH
Druck und Bindung: Books on Demand GmbH, Norderstedt Germany
ISBN: 9783638726566

Dieses Buch bei GRIN:

http://www.grin.com/de/e-book/11595/sowi-online-das-internetangebot-fuer-die-sozialwissenschaftlichen-unterrichtsfaecher

Isabel Ebber

sowi-online - Das Internetangebot für die sozialwissenschaftlichen Unterrichtsfächer und ihre Fachdidaktiken

GRIN Verlag

GRIN - Your knowledge has value

Der GRIN Verlag publiziert seit 1998 wissenschaftliche Arbeiten von Studenten, Hochschullehrern und anderen Akademikern als eBook und gedrucktes Buch. Die Verlagswebsite www.grin.com ist die ideale Plattform zur Veröffentlichung von Hausarbeiten, Abschlussarbeiten, wissenschaftlichen Aufsätzen, Dissertationen und Fachbüchern.

Besuchen Sie uns im Internet:

http://www.grin.com/

http://www.facebook.com/grincom

http://www.twitter.com/grin_com

Universität Essen im Wintersemester 2002/2003.
Wirtschaftswissenschaften und Didaktik der Wirtschaftslehre.
Fachdidaktisches Seminar.
Hauptseminararbeit mit der Note „gut" von Isabel Ebber.

„sowi-online".
Das Internetangebot für die sozialwissenschaftlichen Unterrichtsfächer und ihre Fachdidaktiken.

Inhaltsverzeichnis.

0

(1.)
Zum Geleit.

Diese Arbeit untersucht das Internetangebot für die sozialwissenschaftlichen Unterrichtsfächer und ihre Fachdidaktiken anhand von folgenden Fragestellungen:

- ❖ Welche Onlinepräsentationen für die sozialwissenschaftlichen Unterrichtsfächer und ihre Fachdidaktiken gibt es?
- ❖ Wer sind die Initiatoren und welche Gründe motivieren diese zur Gestaltung der fachspezifischen Onlinekonzeptionen?
- ❖ Welche Inhalte und Angebote sind in diesen Onlinepräsentationen integriert?
- ❖ Ob und unter welchen Voraussetzungen stellt das Internet eine Hilfe bei der Unterrichtsvorbereitung für ReferendarInnen und LehrerInnen, dar?
- ❖ Welche Hilfen für Lehrende an Schulen gibt es, um das Internet für den Unterricht und die Unterrichtsvorbereitung effizient einzusetzen?
- ❖ Welche Vorteile bietet das Internet für die Unterrichtsvorbereitung – welche Nachteile können sich aus der Hinzuziehung des Internets ergeben.
- ❖ Was ist für die Zukunft im Hinblick auf den Einfluss des Internets in Schule und Unterricht erwartbar?

Aus diesen Fragestellungen ist wegen der im Schwerpunkt gestellten Praxis bezogenen Frage nach der Leistung des Internets bei der Unterrichtsvorbereitung ableitbar, dass die Untersuchung der Thematik aus der Perspektive eines Lehrenden der sozialwissenschaftlichen Unterrichtsfächer vorgenommen wird.

Die Evaluation der Internetangebote bezogen auf die Frage, ob und unter welchen Voraussetzungen das Internet eine Hilfe bei der Unterrichtsvorbereitung darstellt, wird nicht websitespezifisch, sondern allgemein vorgenommen.

Diese allgemeine Wertung erfolgt über den zeitlichen Vergleich unterrichtsrelevanter Internetangebote vor dem Hintergrund einer explorativen Pilotstudie.

Diese klein angelegte Studie des Zentrums für Lehrerbildung der Universität Bielefeld mit 15 ProbandInnen untersucht 1997 im Auftrag des Bundesumweltamtes das Rechercheverhalten von Lehrenden zum Thema Müll/Entsorgung im Internet.

Die Ergebnisse der Studie sind für einen Vergleich unterrichtsrelevanter Onlinepräsentationen im zeitlich fixierten Entwicklungsstand für 1997 und 2002 als empirische Grundlage für eine allgemeine Evaluation geeignet.

(2.)
Onlinepräsentationen für die sozialwissenschaftlichen Unterrichtsfächer und ihre Fachdidaktiken.

(2.1.)
Onlinepräsentationen mit Integration aller Disziplinen.

❖ Sowi-Online – Online unter http://www.sowi-online.de

⇒ SoWi-Online ist ein Websiteprojekt verschiedener Sozialwissenschaftler aus den Städten Bielefeld, Lüneburg, Weingarten und Braunschweig mit dem Auftrag – LehrerInnen, ReferendarInnen, StudentInnen und FachdidaktikerInnen eine Findeplattform für die Suche nach sozialwissenschaftlichen und fachdidaktischen Internetangeboten zu bieten.

❖ Deutscher Bildungsserver – Online unter http://www.dbs.schule.de

⇒ Dieser Server ist ein Gemeinschaftsservice von Bund und Ländern. Sitz des Deutschen Bildungsservers ist das Deutsche Institut für Internationale Pädagogische Forschung in Frankfurt am Main, das diesen Service in Kooperation mit anderen Bildungsinstitutionen anbietet. Der Aufbau des Servers wird aus Vertretern des Bundes und der Länder sowie einigen Sachverständigen begleitet. Der Server ist über ein Suchsystem mit den Bildungsservern der Länder, die ebenfalls Material für das Fach Sozialwissenschaften und ihre Fachdidaktiken anbieten, vernetzt.

❖ Learn-line-Bildungsserver NRW– Online unter http://www.learn-line.nrw.de

⇒ Diese vom Landesinstitut für Schule herausgegebene Website bietet zum einen nach Grundschule und Sekundarstufen differenziert – fachspezifische Webseiten mit kommentierten Linkakkumulationen an und zum anderen allgemeine Informationen in Bezug auf Schule, Lehrerfortbildung, Lehrerausbildung, Schulentwicklung und Lernen mit Medien. Der Server ist über Links mit den Bildungsservern der anderen Länder, die ebenfalls Material für das Fach Sozialwissenschaften und ihre Fachdidaktiken anbieten, vernetzt.

2

* Zentrale für Unterrichtsmedien – Online unter http://www.zum.de

> ⇒ Diese Website gründet auf einer durch Sponsoren und Mitgliedsbeiträge finanzierten Vereinsstruktur mit Sitz bei Freiburg. Ziel des Vereins ist gemäß Vereinssatzung „[...] die Nutzbarmachung des Internets als Lern- und Lehrhilfe für alle Schulformen und für außerschulische Bildungsarbeit im deutschsprachigen Raum." Schwerpunkt des Projektes ist das Erstellen und Verbreiten von Unterrichtsmaterialien für verschiedene Fächer.

(2.2.)
Onlinepräsentationen mit dem Schwerpunkt Wirtschaft.

* Ökonomische Bildung – Online unter http://www.oekonomische-bildung.de

> ⇒ Die auf der Disziplin Ökonomie basierende Website ist eine Initiative des Bremer Instituts für Bildungsforschung mit dem gesetzten Auftrag, ökonomische Bildung als unverzichtbaren Teil der Allgemeinbildung zu fördern.

* WiGy-Club e.V. – Online unter http://www.wigy.de

> ⇒ Dieser Online präsente Verein versteht sich als „bundesweite Initiative", daran arbeitend, „[...] die ökonomische Bildung als einen integralen Bestandteil im allgemein bildenden Schulwesen zu verankern und bei dieser Aufgabe Lehrkräfte aktiv zu unterstützen." Das Institut für Ökonomische Bildung der Universität Oldenburg ist im Vereinszusammenschluss mit Lehrkräften, Unternehmen, der Oldenburgischen Industrie – und Handelskammer, federführend.

(2.3.)
Onlinepräsentationen mit dem Schwerpunkt Politik.

❖ Polis – Online unter http://www.vib-bw.de/tp5

⇒ Diese Website der Pädagogischen Hochschule Heidelberg ist ein Teilprojekt des Baden-Württembergischen Landesprogramms „Virtuelle Hochschule". Sie ist für Studierende jüngerer Semester der Politikwissenschaft mit dem Ziel konzipiert, eine leichte Zugänglichkeit und Nutzungsfreundlichkeit der Studienumgebung zu gestalten.

❖ Pbnetz, Das politische Bildungsnetz – Online unter http://www.pbnetz.de

⇒ Diese Website ist ein Projekt des Fachbereichs für Erziehungs- und Sozialwissenschaften der Universität Münster im Rahmen des nordrhein-westfälischen Netzwerkes für Bildung – der „e-nitiative.nrw". Das Ziel der e-nitiative.nrw ist, bis Ende 2004 die Rahmenbedingungen dafür zu schaffen, dass das Lernen mit Internet und Multimedia zum Unterrichtsalltag in den Schulen wird. Getragen wird die e-nitiative.nrw gemeinsam von den kommunalen Spitzenverbänden und der Landesregierung. Für die zukünftige Finanzierung des Pbnetzes ist eine Vereinstruktur mit dem Namen „Mpb-Medien für die politische Bildung e.V.", angedacht.

❖ D@dalos Bildungsserver– Online unter http://www.dadalos-d.org/deutsch

⇒ Diese deutsche Website ist Teil des internationalen UNESCO Bildungsservers D@dalos. Entwickelt wurde das Online Angebot von „Agora" – der „Stuttgarter Gesellschaft für Wissensvermittlung über neue Medien und politische Bildung." Mit dem Server werden drei Ziele verfolgt. Zum einen stellt D@dalos Informations- und Unterrichtsmaterialien zu Themen der politischen Bildung im Internet und per kostenpflichtig bestellbarer CD-Rom zur Verfügung. Zum anderen etabliert D@dalos in Südosteuropa ein Forum für alle, die im Bildungsbereich tätig sind. Über die Vernetzung entstehen neue Kooperationen. Zum weiteren wird mit dem Bildungsserver das Ziel verfolgt, Kontakte auch innerhalb von Deutschland und Westeuropa aufzubauen.

4

❖ Lehrer-Online – Online unter http://www.lehrer-online.de

⇒ Diese Website ist eine Service- und Informationsplattform von „Schulen ans Netz e.V." Intention ist der Zugriff auf kostenlose Informationen und Materialien rund um den Einsatz neuer Medien im Unterricht. Finanziert wird das Angebot mit Mitteln des „Bundesministeriums für Bildung und Forschung".

❖ LehrerNet – Online unter http://www.lehrernet.de/faecher/politik.htm

⇒ Diese Website enthält eine ausgewählte und kommentierte Linkauflistung zu Unterrichtsmaterialien für den Politikunterricht.

❖ Hermann Gieseke – Online unter
http://home.tonline.de/home/hermann.giesecke/index.htm

⇒ Hermann Gieseke war von 1967 bis 1997 – Professor für Pädagogik und Sozialpädagogik an der Pädagogischen Hochschule Göttingen und nach deren Integration Professor an der Universität Göttingen. Er hat unter anderem zahlreiche Publikationen zur politischen Bildung, zur Fachdidaktik der Politik und zum Beruf des Lehrers veröffentlicht. Diese und weitere sind auf seiner Homepage kostenfrei zugänglich.

(2.4.)
Onlinepräsentationen mit dem Schwerpunkt Soziologie.

❖ Socioweb – Online unter http://www.socioweb.de

⇒ Die Website mit Ausrichtung auf die soziologische Disziplin ist ein gemeinsames Projekt in den Fachbereichen Sozialwesen und Wirtschaftspsychologie der Fachhochschule Nordostniedersachsen. „Socioweb.de" ist die Weiterentwicklung von „sociologus.de". Sie ist mit einem Online - Seminarangebot und biographischen wie lexikalischen Infosites als Selbstlernmedium primär für Studierende der Soziologie konzipiert.

❖ Soziologie-Ressourcen – Online unter http://infosoc.uni-koeln.de/sf/002.html

⇒ Diese Website der Universität Köln bietet eine nach Newsgruppen, Maillisten, Bibliotheken, Datenbanken, Büchern, Verlagen, Online-Texten, Themen, Personen, Organisationen, Verbänden, Instituten, Projekten, Forschungen, Software, etc. gegliederte Linksammlung zu soziologischen Ressourcen im Internet an.

❖ Soziologie – Online unter http://www.uni-duesseldorf.de/WWW/ulb/soz.html

⇒ Diese Website der Universität Düsseldorf ist in ihrer Linkstruktur ähnlich konzipiert.

(2.5.)
Inhalte und Angebote der Onlinepräsentationen.

Der Leserin oder dem Leser wird die Unterlassung der Integration von Onlinepräsentationen aus Politik (z.b. Websites von nationalen und internationalen Regierungen und Organisationen) und Wirtschaft (z.b. Websites von Unternehmen und Wirtschaftsinstituten), die sich partiell auch für den Download unterrichtsverwertbarer Materialien oder als Basis für die Einbindung des Internets in den computerbasierten, sozialwissenschaftlichen Unterricht eignen, aufgefallen sein. Die Beschränkung des obigen Onlineangebotes ist auf die Selektion konkret für die Bedürfnisse von Schule, sozialwissenschaftlichem Unterricht und Lehramtsstudium konzipierten Onlinepräsentationen, ausgerichtet.

Aufgrund dieser analogen intendierten Funktion sind sie in ihrer Websitestruktur und ihren Websiteinhalten auch tendenziell stark vergleichbar konzipiert.

Finanziert werden die in der Regel von Bildungsinstitutionen aufgebauten und gewarteten Onlinepräsentationen entweder auf Basis einer Vereinsstruktur über Mitglieds- oder Sponsorenbeiträge oder aus Mitteln des Bundes oder der Länder mit der intendierten Funktion, LehrerInnen, ReferendarInnen, Studierenden des Lehramtes und ihren UniversitätsdozentInnen eine Internetplattform zum einen für den Austausch von Standpunkten über fachspezifisch, bildungs- oder schulpolitisch relevante Fragestellungen und Informationen zu bieten und zum anderen für den Austausch unterrichtsrelevanter Materialien.

Die Gewährleistung des Diskussionsbedürfnisses geschieht über die Bereitstellung themen- oder fachspezifischer Diskussionsforen und Datenbanken mit Aufsätzen, welche ebensolche Fragestellungen eruieren und diskutieren.

So wird beispielsweise beim „Pbnetz" ein Diskussionsforum für Experten über Rechtsradikalismus, für Experten zur Verfassung und für den Erfahrungsaustausch zwischen ReferendarInnen, angeboten.

So wird beispielsweise vor dem Hintergrund bildungspolitischer Forderungen bei „SoWi-Online" über ein Onlinejournal und ein Forum die Rolle ökonomischer und politischer Bildung an allgemeinbildenden Schulen kritisch diskutiert.

Die Erfüllung des unterrichtsverwertbaren Materialbedürfnisses gewährleistet die Bereitstellung kontinuierlich gewarteter Datenbanken, die über nach Unterrichtsmethode, Schulform, Schulstufe und Themenbereich differenzierte Suchsysteme eine effiziente Recherche nach downloadbaren gewünschten Materialien ermöglichen. Neben der Recherche in Datenbanken existiert die Aufnahme der Möglichkeit in einen Mailverband wie beispielsweise bei „ZUM", wo mit dem Eintrag in eine fachspezifische Mailingliste die Integration in einen E-mail-basierten Austausch von Erfahrungen und Unterrichtsmaterialien zwischen LehrerInnen eingeleitet wird. Foren können wie beispielsweise bei „pbnetz" als Raum für den Austausch methodischer Praxistipps dienen.

Neben den Datenbanken, die für die unterrichtsplanende Recherche der LehrerInnen Materialien wie themenspezifische, als unterrichtsverwertbar befundene Aufsätze oder Zeitungsartikel, themenspezifische Filmtipps, Folienvorlagen Arbeitsblätter und Schüler/Lehrerhefte und sogar fertig ausgearbeitete Unterrichtseinheiten oder Unterrichtsreihen anbieten, stellen einige Onlinepräsentationen als eine weitere Alternative zum regulären Schulbuch oder didaktischen Fachzeitschriften als Unterrichtsmaterialbasis, Planspiele oder internetbasierte Seminare für den Umgang der SchülerInnen mit dem Internet im computerbasierten Unterricht bereit.

So wird beispielsweise bei „wigy" das für SchülerInnen der gymnasialen Oberstufe konzipierte Internetplanspiel „EIS" – das Ereignisorientierte Internetplanspiel für die Gymnasiale Oberstufe" zur Vermittlung wirtschaftlicher Zusammenhänge durch eine Vielzahl von realitätsnahen Entscheidungssituationen, angeboten.

So wird beispielsweise bei „socioweb" ein für Studierende der frühen Semester aber auch für SchülerInnen der gymnasialen Oberstufe geeignetes begriffssystematisches, in die Soziologie einführendes Internetseminar bereitgestellt, das neben einer

Einführung neun Lerneinheiten zu den Themenkomplexen Disziplinen, Handeln, Einstellungen, Interaktion, Gruppe, Rolle, Führung, Konflikt und Macht, enthält. So wird beispielsweise bei „d@dalos" ein für SchülerInnen und Interessierte konzipiertes, nach den Themenkomplexen „Demokratie", „Parteien", „Menschenrechte", „Vorbilder" und „Europa" differenziertes Einführungs- und Vertiefungsseminar, angeboten.

So wird beispielsweise beim Learn-line-Bildungsserver NRW" über einen Hyperlink zum Simulationsprojekt „Democracy online today – www.dol2day.com" weitergeleitet, das auf der virtuellen Praktizierung von Politik basiert, indem die registrierten Benutzer beispielsweise eine Partei gründen, einer Partei beitreten, Wahlprozesse mitgestalten und in Chatforen mit real existierenden Politikern über politische Themen diskutieren. Die internetbasierten Planspiele und Seminare ermöglichen neben dem Erlernen sozialwissenschaftlicher Inhalte, die Schulung medienkompetenter Qualifikationen der SchülerInnen im Unterricht.

Für die Schulung der sogenannten Medienkompetenz im Bereich Computer, Mulitmedia und Internet bieten die Onlinepräsentationen eine Fülle weiterer Materialien an. Die Präsentation „Lehrer-Online" ist beispielsweise im Rahmen der Initiative „Schulen ans Netz" in ihrem Materialangebot auf den Einsatz neuer Medien als Lerngegenstand im Unterricht spezialisiert.

Als Ausgangsplattform für die über die jeweilige Onlinepräsentation hinausgehende Recherche fungieren die sozialwissenschaftlich orientierten Websites und Bildungsserver durch nach Institutionen, Themen und Medien differenzierten, unterrichtsrelevante Onlinepräsentationen zentralisierenden Linkakkumulationen.

So wird beispielsweise bei „Polis" nach Verbänden (Gewerkschaften, Wirtschaftsverbände, Kirchen, Wohlfahrtsverbände, Interessensverbände), Wahlen (Wahlforschungsinstitute), Parteien (Parteien, Fraktionen, Parteistiftungen), politischer Bildung (Zentralen für politische Bildung, Bildungsserver, Stiftungen und freie Träger, Landesbildstellen, Internet und politische Bildung, Bildung allgemein) internationaler Politik (internationale Organisationen), Politikwissenschaft (Hochschulen, Institute), Europa (Organe der EU, Politikbereiche, Regierungen), Bundesländern (von Baden-Württemberg bis Thüringen), Kommunen (von Aachen bis Zwickau), Gesetzen (Bundesgesetzblatt, Deutsche Gesetzestexte), Suchdiensten (Suchmaschinen, Webkataloge), Onlinelexika (allgemeine und Sprachlexika), Bibliotheken und Büchern (Universitätsbibliotheken, Verlage) und Arbeitsmethoden (Wissenschaftliches Arbeiten, Mind Mapping), differenziert.

In der Regel bieten die oben aufgelisteten Onlinepräsentationen über einen Eintrag in eine Mailingliste die mit der Versendung eines Newsletters gesicherte kontinuierliche Verknüpfung mit dem aktuellen Angebot und Inhalt der Onlinepräsentation an.

Fazit ziehend kann man die Onlinepräsentationen für sozialwissenschaftliche Unterrichtsfächer und ihre Fachdidaktiken als in Relation zum Informations- und Informationsmüllchaos des Internets „übersichtlich" strukturierte Sammelbecken schul- oder unterrichtsfachrelevanter Diskussionen, Informationen und Unterrichtsmaterialien charakterisieren, die in ihrer reichen Auswahlfülle zum einen von der Partizipation bildungspolitisch Interessierter in Onlinejournalen und Diskussionsforen abhängen sowie zum anderen von der Bereitschaft, unterrichtsverwertbare Materialien zu produzieren und kostenfrei im Netz zur Verfügung zu stellen. Die diesbezüglich aktive Teilnahme von LehrerInnen, ReferendarInnen, Studierenden des Lehramts und ihren Universitätsdozenten ist damit angesprochen.

Die Onlinepräsentationen leisten mit der Zentralisierung und Pflege schul- sowie unterrichtsfachrelevanter Internetdokumente eine im Informationszeitalter und als Folge ebenso neuer Bildungsforderungen an SchülerInnen sowohl unverzichtbare Unterstützungshilfe als auch Grundlage für die Vorbereitung des an diese Bildungsforderungen angepassten Lehrenden auf seine Rolle in der Schule und die Durchführung eines Computer-, Multimedia- und Internet integrierten oder basierten Unterrichts.

(3.)
Ergebnisse einer explorativen Pilotstudie im Auftrag des Bundesumweltamtes zum Rechercheverhalten von Lehrenden.

Anno 1997 führen Reinhold Hedtke, Joachim Kahlert und Volker Schwier am Zentrum für Lehrerbildung der Universität Bielefeld mit 15 Lehrenden bei 3 Referendarinnen eine Studie für die Erforschung des Rechercheverhaltens von Lehrenden, durch.

Ziel der Studie ist die Antwort auf die Frage, ob und unter welchen Voraussetzungen LehrerInnen im Internet Unterstützung bei der Unterrichtsvorbereitung finden.

ProbandInnen sind – da die Identifizierung von Hindernissen beim Zugriff auf Internet-Informationen intendiert ist, 11 von 15 im Umgang mit dem Internet gering erfahrene Lehrende, von denen 10 bei 3 männlichen ProbandInnen Sachkunde in der Primarstufe und 4 von 5 männlichen ProbandInnen Sozialwissenschaften in der Sekundarstufe II unterrichten.

Eine Literaturstudie über die konventionelle und telekommunikative Vorbereitung von Unterricht sowie über die telekommunikative Medienkompetenz von Lehrenden mit dem Resultat, dass diesbezüglich ein krasses Forschungsdefizit besteht, fungiert als theoretischer Ausgangspunkt. Das Forschungsdefizit äußert sich darin, dass die Forscher nur eine repräsentative Studie zur konventionellen Unterrichtsvorbereitung von Lehrenden finden. Leiter dieser Anno 1995 durchgeführten Studie ist Witlof Vollstädt[1], der die Perspektive, dass die „Planung und Vorbereitung des Unterrichts [...] meist zur Intimsphäre jeder Lehrerin und jedes Lehrers gezählt [...]"[2] wird, als eine Ursache für die Zurückhaltung der schulpädagogischen Forschung auf diesem Gebiet sieht.

Die Studie von Hedtke, Kahlert und Schwier basiert auf zwei Methoden.

Methode 1 ist die Beobachtung der Lehrkräfte bei der Internetrecherche mit der von den Untersuchungsleitern gestellten Aufgabe, innerhalb eines Zeitraums von einer Stunde Informationen und Materialien für die Planung einer Unterrichtseinheit zum Themenbereich Müll/Entsorgung zu recherchieren.

Methode 2 der Studie ist das Interview mit zwei Interviewleitfäden über erstens die konventionelle Unterrichtsvorbereitung vor der Beobachtung und zweitens die bei der Recherche gewonnenen Eindrücke über die Arbeit mit dem Internet nach der Beobachtung.

Ergebnis der Studie ist zum einen, dass Schulbücher, fachdidaktische Zeitschriften und Unterlagen von KollegInnen Leitmedien der Unterrichtsvorbereitung sind, da sie einen sicheren, einfachen, unterrichtsnahen, schnellen und kostengünstigen Zugriff bieten. Die Verfügbarkeit und die Unterrichtsverwertbarkeit als Auswahlkriterien erscheint bei Zeitungsartikeln und Büchern als unsicher und muss meist hergestellt

---

[1] Vgl. Vollstädt, Witlof: Unterrichtsplanung im Schulalltag. Ergebnisse einer empirischen Untersuchung. In:Pädagogik.Vol.48. 1996. Heft 4. S.17 bis S.22. und
Vollstädt, Witlof: Lehrpläne und Lehreralltag. Einführung neuer Rahmenpläne in Hessen. Hessisches Institut für Bildungsplanung und Schulentwicklung (HIBS). Wiesbaden 1995. (=Materialien zur Schulentwicklung, 22).
[2] Vollstädt, Witlof: Unterrichtsplanung im Schulalltag. Ergebnisse einer empirischen Untersuchung. In: Pädagogik.Vol.48. 1996. Heft 4.S.17.

werden. Dieses Ergebnis bestätigt im wesentlichen die repräsentative Analyse zur Verwendung von Unterrichtsmaterialien für die Unterrichtsplanung von Vollstädt.

Des weiteren stellen die drei Auswahlkriterien Handlungsmöglichkeiten für die Lernenden, Bezug zu deren Naherfahrungen sowie generelle Eignung für die Lernenden Orientierungslinien bei der Suche und Selektion von Unterrichtsmaterialien dar.

Die Internetrecherche beschränkt sich auf die Suche nach Unterrichtsmaterialien. Was nicht als brauchbar erscheint, wird als Störfaktor empfunden.

Erwünscht, abgespeichert und ausgedruckt werden unterrichtsnahe Materialien wie Folien, Arbeitsblätter, Grafiken, Tabellen, politische Positionspapiere und Nachrichtentexte, die sich ohne Aufwand in das eigene Unterrichtskonzept einfügen lassen („Cut-and-Paste-Pattern"). Über das gefundene Material konkretisiert sich während der Recherche die gedankliche Antizipation des Unterrichts. Von anderen ausgearbeitete Unterrichtskonzepte werden abgelehnt, was als Ausdruck von Autonomiestreben interpretiert werden kann. Bevorzugt und erwartet werden strukturierte Vorsortierungen der Quellen und Materialien. Die Recherche über die Suchmaschinen wird als unbefriedigend, weil unüberschaubar, unergiebig und langwierig erlebt. Beim direkten Zugang über eingetippte Internetadressen wird bei Unterstellung des Angebots von unterrichtsverwertbaren Materialien auf die Websites von BUND, Greenpeace, NABU, Die Grünen und das Umweltamt zugegriffen. Die Recherche ergibt als Gesamtergebnis in den Unterricht aller Schulstufen integrierbares Material und Ideenanreize für die Unterrichtsvorbereitung. Trotz des langwierigen, aus der Unerfahrenheit resultierenden Suchprozesses, wird das Internet mehrheitlich als nützliche Hilfe für die Unterrichtsvorbereitung eingeschätzt, die man wiederverwenden und auch den KollegInnen anraten würde. Die von den ProbandInnen geäußerten Wünsche zum Themenkomplex Umwelt für die mit dem enormen Zeitaufwand der Suche korrespondierenden Erwartungen an das Internet als bei der Unterrichtsvorbereitung dienliches Medium lauten:

1. Allokation von schulrelevanten Internetangeboten, d. h. Vorhandensein eines „Lehrerlinks", einer schulbezogenen „Überadresse", eines „Bildungsservers", einer Rubrik „Schule und Unterricht" als Vernetzung und Zentralisierung der umweltbezogenen Onlineangebote.

2. Information über schulrelevante Internetangebote und deren Inhalte, d. h. Konstruktion von nach Lehrplanthemen geordneten Linklisten mit Kurzbeschreibungen und schulspezifischen, nach Inhalt, Schulform und Schulstufen differenzierten Suchmaschinen.
3. Inhalt und Gestaltung der angebotenen Informationsprodukte, d. h. Vorhandensein von unterrichtsnahen, stufenspezifischen, ständig aktualisierten, selektierten Informationen und Materialien zu Umweltthemen, die schnell downloadbar sind.
4. Zugänglichkeit der Internetangebote, d. h. Vorhandensein der direkten, kostenlosen Zugriffsmöglichkeit auf das Dokument.

Diese für den Müll/Entsorgungsbereich gegenstandsspezifischen Verbesserungsvorschläge für die „Ebenen der Organisations-, Kommunikations-, Produkt- und Distributionspolitik von Informationsanbietern"[3] lassen sich generalisierend auf Informationsanbieter unterrichtsrelevanter Materialien übertragen.

Der vergleichende Blick mit den oben vorgestellten Onlinepräsentationen zeigt mit dem für 2002 geltenden Stand des Ausbaus von Bildungsservern und fachspezifischen Websites im Vergleich zu 1997 als Zeitpunkt der Studie, dass die Forderungen und Erwartungen der ProbandInnen tendenziell erfüllt sind:

❖ Die Allokationsforderung wird durch eine Vielzahl von auf die Bedürfnisse von Unterricht und Schule zugeschnittenen, miteinander vernetzten Websites und Bildungsservern erfüllt.
❖ Die Informationsforderung wird durch in die Internetpräsentationen integrierte, differenzierte Linkakkumulationen online oder offline in Form von Buchpublikationen als lehrerspezifische Internetratgeber erfüllt.
❖ Die Inhalts- und Gestaltungsforderung wird durch die in der Tendenz von qualifiziertem Universitätspersonal intelligent konzipierte und gewartete Onlinepräsentation mit häufig auf Unterrichtseignung und Aktualität geprüftem, direkt downloadbarem Informations- und Materialangebot erfüllt.

---

[3] Vgl. Hedke, Reinhold/Kahlert, Joachim/Schwier, Volker: Unterrichtsmaterialien aus dem Internet. Eine empirische Studie über das Rechercheverhalten von Lehrenden. In: Gegenwartskunde. 1998. Heft 3. S. 636 bis S. 375. und
Hedtke, Reinhold/Kahlert, Joachim/Schwier, Volker: Umweltbildung, Unterrichtsvorbereitung und Internet. Wie nutzen Lehrerinnen und Lehrer Umweltinformationen im Internet? Berlin 1998. (=Herausgegeben von der UNESCO-Verbindungsstelle für Umwelterziehung, Forschungsbericht 320 010 36 im Auftrag des Umweltbundesamtes).

❖ Die Zugänglichkeitsforderung wird durch das Prinzip der zip- oder pdf-Datei als zumeist (noch) kostenfreie Downloadmöglichkeit erfüllt, obschon eine zukünftige Kostenpflichtigkeit erwartbar ist. Beispielsweise erlaubt erst eine für mit Ausnahme niedersächsischer Schulen kostenpflichtige Vereinsmitgliedschaft bei „wigy" den Zugriff auf alle in den wigy-Datenbanken integrierten Internetdokumente. Wenn mit der als finanziell tragbar einschätzbaren Kostenpflichtigkeit jedoch auch mit der Aussonderung nicht kostenwürdigen Materials die Qualität des zentralisierten, unterrichtsverwertbaren Materials steigt, muss die negative Kritikwürdigkeit der Kostenpflichtigkeit neu bedacht werden.

Die Überprüfung, ob aus den konkret für den Themenbereich Müll/Entsorgung abgeleiteten Verbesserungsvorschlägen der kleinen Studie auch Konsequenzen vom Bundesumweltamt für die unterrichtsverwertbare und -verfügbare Ausgestaltung ihrer Onlinepräsentation unter http://www.bundesumweltamt.de gezogen worden sind, erbrachte ein Rechercheergebnis, das zwar Initiativen belegt, jedoch nicht mit einem besonderem Engagement.

Für LehrerInnen interessant sind ein als pdf-Datei kostenfrei downloadbarer, umweltthematisch orientierter Farbfoliensatz.

Als brauchbar befinden kann man auch zwei unter Mitwirkung des Bundesumweltamtes entstandene CD-Roms mit dem Titel „Berliner Empfehlungen Ökologie und Lernen" und „Ökobase Umweltatlas". Die eine CD-Rom enthält eine Bibliographie zu ökologischer Literatur und Lernsoftware. Die zweite CD-Rom gewährt per Mausklick einen Einblick in die 697 Deponien in Deutschland.

Die Suchbegriffe „Müll", „Abfall" und „Entsorgung" erbringen zwar ein reichhaltiges Rechercheergebnis, sind jedoch nicht auf Unterrichtsverwertbarkeit zugeschnitten. Es dominieren simple, kurze Berichtartikel, welche auf die Schule bezogen, berichtartig ökologische Defizite und Defizitbeseitigungen thematisieren.

Die Ergebnisse der in das Suchsystem eingegebenen schulbezogenen Begriffe wie „Unterrichtsmaterial", „Unterricht", „Schüler" und „Lehrer" fördern ebenfalls kein Angebot unterrichtsverwertbarer Materialien zutage.

Dass das Bundesumweltamt jedoch sich in Initiativen auswirkende Konsequenzen aus der Studie gezogen hat, kann aus der Betreuung des vom Bundesumweltministerium geförderten „GEIN – German Environment Information Network", online unter http://gein.de, geschlossen werden. Diese seit Anno 2000 vorhandene als Internet-Lotse dienende Suchmaschine durchsucht alle vorhandenen Umweltdatenkataloge und wird durch eine ebenfalls vom Bundesumweltamt betreute multimediale Entdeckungsreise durch die Umwelt, online unter http://umwelt-deutschland.de erreichbar, ergänzt.

Die weitere Recherche nach umweltthematischen, unterrichtsorientierten Materialien erbringt auf der Website des Bundesumweltministeriums unter http://www.bmu.de, sowohl für den Unterricht in der Primarstufe als auch in der Sekundarstufe verwertbare Internetdokumente und Broschüren. Beispielsweise existieren, einsetzbar in der Grundschule für das Verstehen von Sinn und Nutzen des Recyclings und der Mülltrennung, Bau- und Bastelanleitungen für „Sandalen aus Müll" sowie ein Internetspiel mit dem Titel „Müll sortieren mit Willy Waldfrosch".

Einsetzbar für die Sekundarstufen sind kostenlos bestellbare Broschüren zum Thema Umwelt, unter anderem zum Thema. Müll/Entsorgung. Die Broschüre „300 mal Umwelt im Internet" erfüllt über eine Linkakkumulation die Informationsforderung der ProbandInnen.

Schul- und unterrichtsrelevante Internetdokumente findet man auch mit dem Eintippen der Adresse http://www.umweltschulen.de. Diese seit 1999 existierende Website vom Umweltbüro Nord e.V. aus Stralsund ist als Informationsplattform für umweltfreundliche Schulen konzipiert. Sie integriert auch vielseitige unterrichtsverwertbare Materialien zum Thema Umwelt.

Die weitere Recherche nach dem Informationsangebot für die Themenbereiche Müll/Entsorgung ergab für die Adresse http://www.umwelt.de den Hinweis „under construction". Auch unter der Adresse http://www.umweltserver.de wird eine von „phoenix media" zukünftige Website angekündigt.

(4.)
Welche Hilfen für Lehrende an Schulen gibt es, um das Internet für die Unterrichtsvorbereitung und den Unterricht effizient einzusetzen?

Mit der sich entwickelnden Vernetzung der Schulen in Deutschland haben sich Lehrerfortbildungskurse für das Lehren und Lernen mit Computer und Internet etabliert. Diese sind länderspezifisch oftmals als internetgestützte Fernkurse konzipiert. Der „deutsche Bildungsserver" unter http://www.dbs.schule.de stellt eine Aufzählung von Lehrerfortbildungsangeboten im IT-Bereich bereit. Die ProbandInnen der Bielefelder Studie fordern eine Zugänglichkeit zu spezifischen Informationen über das Internetangebot. Die Informationszugänglichkeit ermöglicht die ergiebige und zeiteffiziente Internetrecherche nach Unterrichtsmaterialien. Erfüllt werden kann diese Forderung zum einen offline - in Form von Broschüren und Büchern mit themen- und fachspezifischen Linklisten und zum anderen online in Form von unterrichtsrelevanten Linkakkumulationen, aus denen über hochdifferenzierte Suchsysteme schnell erwünschte Informationen selektiert werden können. Die Onlinealternative für die Sozialwissenschaften ist über oben kommentierte Onlinepräsentationen zugänglich. Diese bieten mehr und minder ausführlich Linklisten mit Suchsystemen an und bilden darüber eine Vernetzung von Datenbanken mit unterrichtsverwertbarem Material.

Eine Auswahlmöglichkeit von Buchpublikationen, die bei der Unterrichtsvorbereitung begleitend als sogenannte Praxisratgeber mit integrierten unterrichtsspezifischen Linklisten fungieren, ist bereits seit 1996 auf dem Buchmarkt gegeben und im zeitlichen Verlauf bis Anno 2002 ausgebaut worden. An dieser Stelle das ergiebige Resultat der intensiven Literaturrecherche nach Offline-Publikationen zu Internet allgemein und speziell zu Internet in Schule sowie Unterricht zu thematisieren, ist zum einen für das Aufzeigen verschiedener Dimensionen der Auseinandersetzung mit Internet allgemein und speziell in Schule sowie Unterricht notwendig. Zum anderen deckt das Buchmarktangebot die im zeitlichen Verlauf immer stärkere Relevanz des Internets in der Gesellschaft allgemein und speziell in Schule sowie Unterricht, auf.

Der letzte Punkt ist begründet durch einen mit im Anhang aufgeführter Literaturauflistung nachvollziehbaren Publikationsboom ab circa 1997, der sich für den Bereich der Schule in auffälliger Parallelität mit dem Ausbau der Initiative „Schulen ans Netz" entwickelt, auf deren Basis die bildungspolitischen Hintergründe der Schulvernetzung medial mehr und mehr in das Licht der Öffentlichkeit gerückt werden. Der erste Punkt kann mit dem Begriff der Medienkompetenz konkretisiert werden, da er in seiner Bedeutung verschiedene Perspektiven der Auseinandersetzung mit Medien integriert. Differenziert man Medienkompetenz in die Dimensionen „Medienkunde", „Mediennutzung", „Mediengestaltung" und

„Medienkritik",[4] so eignet sich für eine Kategorisierung der zahlreichen Publikationen die Hinzuziehung dieser Dimensionen.

Im Anhang ist eine solchermaßen partiell kategorisierte Bibliographie aufgeführt.

Darauf hingewiesen sei, dass die Kategorisierung über die Identifikation inhaltlicher Schwerpunkte der Publikationen erfolgt. Die Betonung anderer Dimensionen, welche die Publikationen integrieren, wird zugunsten der kategorialen Abgrenzung unterlassen.

Ein weiteres Kategorienschema der Bibliographie besteht in der Selektion der Publikationen nach den in den Titeln vorhandenen Stichwörtern „Mediendidaktik", „Medienerziehung", „Medienpädagogik", „Medienkompetenz" „Neue Medien" und „Multimedia". Die partielle Kategorisierung der Publikationen nach diesen Stichwörtern intendiert die prägnante Veranschaulichung der aktuellen Durchdringung des Buchmarktes von Computer, Internet und Pädagogik verknüpfenden Publikationen.

Für den vergewissernden Nachvollzug dieser kategorialen Ordnung der Publikationen auf dem Buchmarkt sei der Leserin oder dem Leser an dieser Stelle angeraten, kurz die im Anhang integrierte Bibliographie einzusehen.

(5.)
Das Internet als Bestandteil der Unterrichtsvorbereitung. Ein Thema der Kosten-Nutzen-Abwägung.

Fazit ziehend sind im folgenden über ein nach Vorteilen und Nachteilen kategorisiertes Schema, Nutzen und Kosten der Integration des Internets bei der Unterrichtsvorbereitung gegenübergestellt.

Neben in dieser Arbeit erarbeiteten Aspekten sind neue Punkte integriert.

❖ Vorteile:

> ❖ Im Internet sind Bildungsserver und fachbezogene Websites bereitgestellt, welche dem Chaos dezentralisierter Dokumentenflut durch eine tendenziell findungsfreundliche Zentralisierung fachrelevanter Informationen und Materialien entgegenwirken.

---

[4] Vgl. Ministerium für Frauen, Jugend, Familie und Gesundheit des Landes NRW (Hg.):
Kinder und Jugendliche an der Schwelle zum 21. Jahrhundert. Die Jugend im Informationszeitalter. Multimedia und Internet. Expertise zum 7. Kinder- und Jugendbericht der Landesregierung NRW. Düsseldorf 2000. S. 53 bis S. 55.

16

❖ Im Internet sind Diskussionsforen, Chaträume und Maillisten bereitgestellt, durch welche die Möglichkeit gegeben ist, auch Meinungen von LehrerInnen über schul- und fächerbezogene Angelegenheiten jenseits des Lehrerkollegiums und des sonstigen sozialen Umfeldes einzuholen und zu diskutieren.

❖ Im Internet sind fachspezifische Datenbanken, Chats, Foren und Maillisten bereitgestellt, durch welche die Möglichkeit für LehrerInnen gegeben ist, gegenseitig Unterrichtsmaterial, Unterrichtsideen, Fachwissen, Informationen, Meinungen auszutauschen und sich über die dadurch aufgenommenen Inhalte fachwissenschaftlich und fachdidaktisch weiterzubilden.

❖ Im Internet sind im Kontrast zum Schulbuch und/oder älteren Aufsatzartikeln aktualisiertes Wissen und aktualisierte Informationen bereitgestellt, wodurch der Unterricht an Gegenwartsrelevanz gewinnt. Diese Gegenwartsrelevanz stellt zum einen für den Unterrichtsinhalt selbst ein Qualitätsplus dar, zum anderen didaktisch reflektiert ein Plus, da sie auf die SchülerInnen wegen Vermeidung einer schulbuchverstaubten Atmosphäre einen motivierenden Effekt haben kann.

❖ Im Internet sind im Kontrast zum Schulbuch und/oder Aufsatzartikeln von der regulären Schulbuch- und Zeitschriftenseite abweichende Dokumentstrukturen bereitgestellt. Von dieser abweichenden Form und der anzunehmenden Identifikation der SchülerInnen mit dem Internet als Medium der Freizeitgestaltung, ist wegen Vermeidung einer schulbuchverstaubten Atmosphäre ein motivierender Effekt erwartbar.

❖ Im Internet ist eine Fülle von kostenfrei downloadbaren Unterrichtsmaterialien bereitgestellt, durch deren Nutzung die Zeit der Unterrichtsvorbereitung verkürzt werden kann.

❖ Über den Download von Unterrichtsmaterial auf den Heimcomputer ist sogleich die Vorraussetzung für die via Textverarbeitung durchführbare Anpassung an die Erfordernisse des eigenen Unterrichts gegeben. Über den Download erübrigen sich folglich im Regelfall aufwendige Scan-, Ausschneide-, Klebearbeiten und handschriftliche Zusätze für die Erstellung unterrichtstauglicher Materialien.

❖ Bei kontinuierlicher Hinzuziehung des Internets für die Unterrichtsvorbereitung entwickelt sich auf der Festplatte des Heimcomputers ein Katalog von Dateien, der eine ordentliche und damit schnelle Zugriffsmöglichkeit für die weitere Unterrichtsvorbereitung darstellt. Die angenommene Voraussetzung für diese Ordnungseigenschaft ist natürlich die Katalogisierung nach Schuljahrgangseignung, Inhalt/Thema einer Unterrichtseinheit oder -reihe, Unterrichtsmethode und eventuell Materialform bei kontinuierlicher Selektion überholter Materialien. Die Zugriffsbeschränkung auf die im Laufe der Zeit gewachsenen Sammelordner im Regal, deren Inhalte mit aufwendigen Scan-, Ausschneide, Klebearbeiten und handschriftlichen Zusätzen für den aktuell relevanten Unterricht wieder angepasst werden müssen, wird vermieden.

❖ Nachteile:

❖ Die Hinzuziehung von Materialien aus dem Internet stellt einen nicht unbeachtlichen Kostenfaktor dar. Zum einen kostet die dafür investierte Onlinezeit im Gegensatz zur Ausleihe von Büchern in Bibliotheken Geld, zum anderen bedarf es eines qualitativ hochwertigen Druckers (z. B. Photodrucker) und spezieller Drucktinte (z. B. Phototinte), um die Materialien attraktiv auszudrucken.

❖ Das Internet verlangt bedingt durch den Suchprozess an sich, durch zahlreiche Verlinkungen, durch die zu sammelnde, zu sichtende, zu wertende und zu selektierende Informations- und Informationsmüllfülle, durch den Verlust des zielgerichteten Suchens aufgrund von (interessens)geleiteten Ablenkungen und durch Druck-, Speicher- und Downloadzeiten einen hohen Zeitaufwand, Kategorisierungsaufwand, Disziplin bezüglich der Zielgerichtetheit der Recherche, Geduld und eine hohe Frustrationsgrenze.

- Die erfolgreiche Internetrecherche verlangt nicht nur nach Kompetenzen der effektiven Recherche im Netz, für deren Erlangung eine vorab zeitintensive Auseinandersetzung mit dem Internet eine Bedingung darstellt, sondern auch nach Finderglück und dem Vorhandensein des gesuchten Materials. Damit kann ein adäquates Rechercheresultat nicht immer vorausgesetzt und erwartet werden. Unterrichtsvorbereitung mit Hilfe des Internets ist mit dieser bestehenden Unsicherheit nicht verlässlich und sollte somit vorausschauend geplant und ausgeführt werden.
- Die Internetrecherche ist nicht gekoppelt mit Informations- und Beratungsinstanzen, welche bei plötzlich auftauchenden Problemen wie Angestellte in einer Bibliothek mit Rat und Tat zur Hilfe eilen. Die Hinzuziehung von Recherchediensten im Internet ist kostenintensiv.

(6.)
Ausblick.
Was ist für die Zukunft im Hinblick auf den Einfluss des Internets in Schule und Unterricht erwartbar?

EINES TAGES WAR DANN AUCH DIE KLASSE 1 B NUR NOCH ÜBER E-MAIL ZU ERREICHEN...

Diese Karikatur[5] überzeichnet das Ergebnis der Entwicklungsstagnation von Lehrenden und Schulen vor dem Hintergrund medientechnischer Entwicklungen und ihrer gesellschaftlichen Durchdringung.

Die Überzeichnung geschieht durch die Honorierung des traditionellen Interieurs eines Klassenzimmers in Klasse 1 B und der entsprechend angepassten Lehrerin.

Durch eine Schiefertafel in frontaler Position zu hintereinander gereihten SchülerInnenbänken im Zweierformat, denen eine Klassenlehrerin älteren Jahrgangs mit altbackener Kleidung gegenübersteht, manifestiert sich die Traditionalität.

Der Tafelschwamm, das spitzenbesetzte Blumenkleid mit ausgewachsener Weste und das ungestylte, fad herabfallende Haar der Lehrerin muten bei Betrachtung des im Kommentar integrierten Kontrastbegriffs „E-MAiL" extrem altmodisch-verstaubt – ja sogar fast ordinär an.

Honoriert wird die auf den traditionellen, hierarchisierenden Frontalunterricht abgestimmte, die medientechnische Entwicklung ignorierende Einrichtung des Klassenzimmers und das entsprechend angepasste Auftreten der Lehrerin mit der Abwesenheit der SchülerInnen der Klasse 1 B.

Die Abwesenheit sogar dieser jungen Jahrgangsstufe, sich im Kommentar „Eines Tages war dann auch die Klasse 1 B nur noch über E-Mail zu erreichen ..." als überraschtes Erstaunen fixierend, bringt die Anpassungsleistungen der SchülerInnen aller Altersstufen an die gesellschaftlich etablierten, medientechnischen Entwicklungen und die naive Ignoranz dessen von Lehrerin und Schule prägnant zuspitzend auf den Punkt.

Am Heimcomputer zu Hause üben die SchülerInnen ihre Fingerfertigkeit mit Computertastatur und Maus. Der Gebrauch von Instrumenten wie Bleistift, Füller, Lineal, karierten sowie linierten Heften für das Üben von Zahlen und traditioneller Schreibschrift werden als antiquiert gewertet verweigert.

Die ordentlich hochgestellten Stühle verweisen auf die Regel in der traditionellen Schule, nach der letzten Stunde die Stühle für den reibungslosen Ablauf der dann folgenden Bodenreinigung hochzustellen. Sie pointieren nicht nur, dass die letzte Stunde der traditionellen Schule geschlagen hat, nein – sie verspotten auch die Funktion der Schulbänke vor dem Hintergrund der Bodenreinigung. Diese Funktion wäre ja bei einer Ausstattung von Klassenzimmern mit Computern nicht erfüllbar –

---

[5] Vgl. Wimmers, Ralf/Fischbach, Margit: Lehrer-Kursbuch Internet.
Einführung, Tipps, kommentierte Adressen. 2. aktualisierte Auflage. Berlin 2000. S. 16.
Anmerkung: Die aus dieser Publikation entnommene Karikatur ist mit der Integration einer gelben Hintergrundfarbe und der Rahmensetzung geringfügig verändert.

es sei denn, das für jede Schülerin und jeden Schüler transportable Notebook ist etabliert. Die heruntergezogenen Mundwinkel der Lehrerin signalisieren im Angesicht des ansonsten körperlosen Klassenzimmers eine demotivierte, entwicklungserstarrte Ratlosigkeit. Dem Bruch mit der Schiefertafel bei Hinwendung zu Computer, Multimedia, Internet, entsprechend veränderten Lehr-Lernprozessen und in der Konsequenz Veränderungen der traditionellen LehrerInnenrolle, ist sie offensichtlich nicht gewillt.

Die Karikatur prophezeit mit der nahezu Körperlosigkeit des Klassenraumes das virtuelle Klassenzimmer der Zukunft. Dieses extreme Szenario ist in Anbetracht der Auswirkungen der Minimierung körperlicher Interaktion auf die Sozialisation von Schülerinnen und Schülern pädagogisch nicht vertretbar und daher unwahrscheinlich. Margit Fischbach hat ein Szenario formuliert, dass vor dem Hintergrund gegebener technischer Voraussetzungen, Medienqualifikationsforderungen des Arbeitsmarktes und dem Ruf nach handlungsorientiertem Unterricht bei erwartbarem starken bildungspolitischen Druck in nicht allzu ferner Zeit als Schulalltag denkbar ist.

Es sei an dieser Stelle abschließend aufgeführt:

❖ „Schüler betreten das Klassenzimmer, nehmen Platz und packen ihre Notebooks aus. In Sekundenschnelle wird ein drahtloses, schnelles Netzwerk mit der Basisstation und den anderen Rechnern im Klassenzimmer errichtet. Ebenso kann über diese Station auf das lokale Netzwerk der Schule oder auf das Internet zugegriffen werden. Ein Schülerteam trägt mit Hilfe einer Powerpoint-Präsentation das Ergebnis einer Gruppenarbeit vor. Arbeitsergebnisse anderer Schüler werden verglichen. Nach weiterführender Literatur wird im Internet oder in Bibliothekskatalogen recherchiert. Printmedien werden via E-Mail aus der nächsten Bibliothek angefordert. Im Sprachunterricht lassen sich einzelne Grammatik- oder Vokabeleinheiten entsprechend dem Leistungsstand und der Lerngeschwindigkeit individuell mit der entsprechenden Software vertiefen. Per E-Mail, Chat oder Videokonferenz findet der Kontakt mit Partnerschulen ohne die bisher übliche Postverzögerung statt, und bei der Planung der Klassenfahrt lassen sich Fahrzeiten und –kosten sowie Infos über das Ziel aus dem Netz holen. Ein erkrankter Schüler kann von zu Hause an Diskussionen und Abstimmungen teilnehmen."[6]

---

[6] Vgl. Wimmers, Ralf/Fischbach, Margit: Lehrer-Kursbuch Internet.
Einführung, Tipps, kommentierte Adressen. 2. aktualisierte Auflage. Berlin 2000. S. 15.

(7.)
Literaturverzeichnis.

❖ Hedke, Reinhold/Kahlert, Joachim/Schwier, Volker: Unterrichtsmaterialien aus dem Internet. Eine empirische Studie über das Rechercheverhalten von Lehrenden. In: Gegenwartskunde. 1998. Heft 3. S. 636 bis S. 375.

❖ Hedtke, Reinhold/Kahlert, Joachim/Schwier, Volker: Umweltbildung, Unterrichtsvorbereitung und Internet. Wie nutzen Lehrerinnen und Lehrer Umweltinformationen im Internet? Berlin 1998. (=Herausgegeben von der UNESCO-Verbindungsstelle für Umwelterziehung, Forschungsbericht 320 010 36 im Auftrag des Umweltbundesamtes).

❖ Ministerium für Frauen, Jugend, Familie und Gesundheit des Landes NRW (Hg.): Kinder und Jugendliche an der Schwelle zum 21. Jahrhundert. Die Jugend im Informationszeitalter. Multimedia und Internet. Expertise zum 7. Kinder- und Jugendbericht der Landesregierung NRW. Düsseldorf 2000.

❖ Vollstädt, Witlof: Unterrichtsplanung im Schulalltag. Ergebnisse einer empirischen Untersuchung. In: Pädagogik.Vol.48. 1996. Heft 4. S.17 bis S.22.

❖ Vollstädt, Witlof: Lehrpläne und Lehreralltag. Einführung neuer Rahmenpläne in Hessen. Hessisches Institut für Bildungsplanung und Schulentwicklung (HIBS). Wiesbaden 1995. (=Materialien zur Schulentwicklung, 22).

❖ Wimmers, Ralf/Fischbach, Margit: Lehrer-Kursbuch Internet. Einführung, Tipps, kommentierte Adressen. 2. aktualisierte Auflage. Berlin 2000.

(8.)
Anhang.
Bibliographie - Computer, Internet und Multimedia allgemein und speziell in Schule und Unterricht.

Entstanden ist diese Bibliographie auf Basis einer umfassenden Internetrecherche in den Online-Datenbanken der Online-Buchhändler

- ❖ amazon.com, Inc. und Tochtergesellschaften, online unter http://www.amazon.de
- ❖ bol.de GmbH, online unter http://www.bol.de
- ❖ buch.de internetstores AG, online unter http://www.buch.de,

in den Online-Datenbanken des

- ❖ Hochschulbibliothekszentrums des Landes NRW, online unter http://apollon.hbz-nrw.de
- ❖ Journal articles database (JADE) - Daten der British Library - Deutschland-Lizenz, online unter http://sun3.bibl.uni-essen.de/netahtml/jabl1.htm

und in den Online-Datenbanken verschiedener Verlage.

Die Bibliographie ist mit wenigen Ausnahmen auf deutschsprachige Publikationen beschränkt. Ausgeschlossen mit ebenfalls vereinzelten Ausnahmefällen sind auch Zeitschriftenartikel aus pädagogischen, sozialwissenschaftlichen und fachdidaktischen Zeitschriften.

Die Bibliographie wurde ursprünglich mit der Absicht erstellt, das speziell für LehrerInnen offerierte Offline-Publikationsangebot für Internet in Schule und Unterricht an weiterführenden Schulen in Deutschland abzuzeichnen. Während der Literaturrecherche lösten sich diese begrenzten Suchkriterien in Anbetracht der interessanten Publikationsfülle auf. Hinzu gekommen sind Publikationen, die neben dem Internet auch Multimedia und Computer integrieren, wobei eine ausschließliche Beschränkung auf ausgewiesene Literatur für LehrerInnen an weiterführenden Schulen ebenfalls entfällt. Integriert sind also auch Publikationen, die zielgruppenorientiert allgemein an Interessierte und AnwenderInnen von Computer, Multimedia und Internet adressiert sind und speziell auch an MedienwissenschaftlerInnen, MedienkritikerInnen, SchülerInnen, Eltern, Kinder, KindergärtnerInnen und LehrerInnen der Primarstufe.

Natürlich gilt dabei die Nichtbeanspruchung der Vollständigkeit nun auf dem Buchmarkt vorhandener und ehemals auf dem Buchmarkt vorhandener Publikationen. Vereinzelt sind auch Publikationen aufgeführt, die erst für Anno 2003

23

geplant erscheinen. Hingewiesen sei darauf, dass trotz intensiver Bemühungen um die Vollständigkeit der Literaturangaben in vereinzelten Fällen aufgrund von Informationseinsparungen in den hinzugezogenen Datenbanken, Angaben zur AutorIn, zur Auflage, zur Reihe und zur Reihennummer fehlen.

Kompensiert wird der Informationsmangel im Falle des Fehlens von AutorIn oder HerausgeberIn mit der Angabe des Verlagshauses.

Trotz der geöffneten Grenze für die Integration von Publikationen mit Bezug auf Internet, Computer und Multimedia überhaupt, ist für alle Publikationen die Möglichkeit einer pädagogischen Bezugnahme oder eine Einsetzbarkeit der Publikationen im pädagogischen Rahmen begründbar.

Durch das Kategorisierungsschema ist eine schnelle Identifizierung und Selektion von Publikationen mit Schul- und Unterrichtsbezug möglich.

Die Kategorisierung der Publikationen erfolgt zum Teil durch die vier Kompetenzkategorien „Mediennutzung", „Medienkunde", „Mediengestaltung" und „Medienkritik" als Dimensionen für medienkompetentes Verhalten.[7]

Folgende Publikationen thematisieren Bildungsstand, Bildungserwartung, (Aus)bildungserfordernis und berufliches Selbstverständnis von sowie gegenwärtige und zukünftige Bildungserwartungen an LehrerInnen im Bereich der Medienkompetenz:

> ❖ Bauer, Karl-Oswald: Wandel im Lehrerberuf. Schulentwicklung international. Bilanz. Weinheim u.a. 2002.
>
> ❖ Bentlage, Ulrike/Hamm, Ingrid: Lehrerausbildung und neue Medien. Gütersloh 2001.
>
> ❖ Blatt, Inge/Hartmann, Wilfried/Voss, Andreas: Neue Schriftmedien im Lehramtsstudium Deutsch. Untersuchungsergebnisse und Konsequenzen. Frankfurt am Main u.a. 2001. (Beiträge zur Geschichte des Deutschunterrichts, 47).
>
> ❖ Blatt, Inge/Hartmann, Wilfried: Mausklicken statt Fingerschnippen. Computergestützte Schreibprojekte zwischen Deutsch-Didaktikseminaren und Schulklassen. In: Berendt, Brigitte (Hg.): Handbuch Hochschullehre. Informationen und Handreichungen aus der Praxis für die Hochschullehre. Ausgabe 17. Bonn 1998. S. 1 bis S. 22.
>
> ❖ Blatt, Inge: ‚Medien-Schrift-Kompetenz' als Gegenstand in der Deutschlehreraus- und weiterbildung. In: Frindte, Wolfgang/Köhler, Thomas/Marquet, Pascal/Nissen, Elke (Hg.): Internet based teaching and learning (IN-TELE) 99. In-Tele 99 Konferenzbericht. Frankfurt am Main (u.a.) 2001. (=Internet communication, 3). S. 180 bis S. 187.
>
> ❖ Blömeke, Sigrid: Medienpädagogische Kompetenz. München 2000.
>
> ❖ Bundesministerium für Unterricht und Kulturelle Angelegenheiten in Österreich (Hg.): LehrerInnenarbeit - heute und morgen. Innsbruck u.a. 1997. (=Zukunftsforum, 7).

---

[7] Vgl. Ministerium für Frauen, Jugend, Familie und Gesundheit des Landes NRW (Hg.): Kinder und Jugendliche an der Schwelle zum 21. Jahrhundert. Die Jugend im Informationszeitalter. Multimedia und Internet. Expertise zum 7. Kinder- und Jugendbericht der Landesregierung NRW. Düsseldorf 2000. S. 53 bis S. 55.

❖ Esslinger, Ilona: Berufsverständnis und Schulentwicklung – ein Passungsverhältnis? Eine empirische Untersuchung zu schulentwicklungsrelevanten Berufsauffassungen von Lehrerinnen und Lehrern. Bad Heilbrunn 2002. (zugl. Dissertation an der Pädagogischen Hochschule Ludwigsburg, 2001).

❖ Köhler, Helbig/Lümkemann/: Medienpädagogik. Grundlagen und Projekte für Ausbildung und Beruf. Neusäß 2001.

❖ Lenhard, Hartmut (Hg.): Teach:line. Medienpädagogische Ausbildung in Studienseminaren. Güterloh 2000.

❖ Linke, Sonja: Medieneinsatz in der Lehrerausbildung. Entwicklung und Evaluation eines interaktiven Meta-Lehrprogramms zur Optimierung von Handlungskompetenzen in der multimedialen Lehre. Berlin 2001.

❖ NWBib/Hugger, Kai-Uwe: MeKoLa. Medienkompetenz in der Lehrerausbildung. In: GMK-Rundbrief. 39/40 (1996). S. 108 bis 109.

❖ NWBib: Medienkompetenz der Lehrer im Blickpunkt. 2. Fachtagung „Schulen ans Netz". In: Bildung real. 41 (1997). Heft 8. S. 19 bis S. 20.

❖ Raymond, Frank B./Ginsberg, Leon/Gohagan, Debra (Hg.): Information Technologies. Teaching to use – Using to teach. New York u.a. 1998.

❖ Söll, Florian: Was denken Lehrer/innen über Schulentwicklung? Eine qualitative Studie zu subjektiven Theorien. Weinheim u.a. 2002. (zugl.: Dissertation an der Universität Paderborn, 1999).

❖ Tulodziecki, Gerhard/Blömeke, Sigrid (Hg.): Neue Medien. Neue Aufgaben für die Lehrerausbildung. Tagungsdokumentation. 2. Auflage. Güterloh 2000.

❖ Wilde, Dagmar: Fortbildungsnetzwerke knüpfen - Lehrerinnen und Lehrer machen sich gemeinsam auf den Weg des Lehrens und Lernens mit neuen Medien. In: Grundschulunterricht. 2002. Heft 2.

Internetpraxisratgeber für LehrerInnen und SchülerInnen der Sekundarstufen sind in der Tendenz durch eine grobe Zweiteilung des Buches mit einführendem Charakter in theoretisches Basiswissen und Internetrecherche, auf die Dimensionen „Mediennutzung" und „Medienkunde" fixiert.

In vereinzelten Fällen ist die Dimension der „Mediengestaltung" mit didaktischem Bezug durch beispielsweise die Integration eines Leitfadens für die Gestaltung einer Homepage im Rahmen eines Unterrichtsprojektes integriert.

In der Regel jedoch gibt es für diese Dimension extra konzipierte Literatur.

Die Dimension der „Mediennutzung" wird für die Zielgruppe der LehrerInnen durch Akkumulationen von Linkadressen abgedeckt, die im Regelfall kommentiert und evaluiert sind und nach Portalseiten als Zugänge zu Themenbereichen rund um das Thema Schule, nach fachspezifischen Onlinepräsentationen und Suchmaschinen differenziert sind. Die Intention, durch Hinzuziehung der Linkadressen als Informationsgrundlage die Recherche nach unterrichtsverwertbaren Dokumenten effizient zu begrenzen und zu strukturieren, dient der Kompetenzgewinnung bei der „Mediennutzung".

Die Dimension der „Medienkunde" beinhaltet zum einen das technische Wissen über Internet und Computer und damit die Fähigkeit, Internet und Computer mit funktional-technischem Hintergrundwissen bedienen zu können, zum anderen das entwicklungsgeschichtliche Wissen über Internet und Computer. Diese Dimension decken Praxisratgeber in der Regel durch die Klärung von W-Fragen über Entwicklung, Funktion und Virensicherheit ab. Auch Anleitungen für Lehrende für Aufbau und Wartung von Computerräumen in Schulen fördern die Medienkompetenz im Bereich der „Medienkunde".

Den Anfang mit der Erstellung eines Praxisratgebers machen 1996 Harald Grieser und Christine McCready sowie Jens Hildebrand. Hildebrands Ratgeber erscheint im Jahr 2000 in 6. aktualisierter Auflage, was als Beleg für die starke Nachfrage von LehrerInnen an Schulen herangezogen werden kann.

Die Literaturrecherche bringt folgende Publikationen für LehrerInnen mit Ausrichtung auf die Sekundarstufen zum Vorschein, die als Internetpraxisraxisratgeber fungieren:

- ❖ Bieber, Bettina: Der VWV-Internetführer. Eine Linksammlung für die Schule. Mit CD-Rom. Berlin 2001.
- ❖ Busch, Wilfried H./Ditfurth, Christian: Internet für Lehrer. 3. revidierte Auflage. Frankfurt u.a. 1999.
- ❖ Czermak, Matthias-Peter: Das Internet von A bis Z. Eine Einführung für Lehrerinnen und Lehrer. Donauwörth 2002.
- ❖ Gertsch, Christian, A.: Lernen und lehren mit Internet. Eine Einführung ins Internet für das Selbststudium und den Unterricht. Mit CD-Rom. 2., überarbeitete Auflage. Aarau 2000.
- ❖ Grieser, Harald G./ MacCready, Christine: Lernorte im Internet. Hilfreiche Adressen für Schule und Unterricht. Aktualisierte Neuauflage. Mülheim an der Ruhr 2001. (Die erste Auflage erschien 1996).
- ❖ Hildebrand, Jens: Internet. Ratgeber für Lehrer. 6. aktualisierte Auflage. Köln 2000. (Die erste Auflage erschien 1996).
- ❖ Jöckel, Peter: Internet für Lehrerinnen und Lehrer. Das Netz entdecken und nutzen. Hannover 2001.
- ❖ Kienitz, Günter, W.: Der Internet-Guide für Lehrer. Zeitgemäß und effizient unterrichten mit dem Internet. Kempen 2000.
- ❖ Krichbaum, Jörg (Hg.): Lehrerwissen Online. Köln 2001. (=Deutsche Internetadressen de, 33).
- ❖ Prinz, Peter. Das Internet 1x1 für Eltern, Schüler und Lehrer. Berlin 2001.
- ❖ Sang, Peter: Computer-Ratgeber für Lehrer . Handbuch für den Einsatz in der Schule. München 2000.
- ❖ Stangl, Werner: Internet @ Schule. Insiderwissen für LehrerInnen. Innsbruck u.a. 2000.
- ❖ Wimmers, Ralf/Fischbach, Margit: Lehrer-Kursbuch Internet. Einführung, Tipps, kommentierte Adressen. 3. aktualisierte Auflage. Berlin 2001.

Weitere Publikationen mit Einführungscharakter, jedoch nicht auf die Zielgruppe der LehrerInnen spezialisiert sind:

- ❖ Altrogge, Gudrun: Internet schnell & einfach. Ihr schneller Einstieg in alle großen Themen. In 18 Lektionen fit fürs World Wide Web. Plus: Die nützlichsten Adressen im Internet. Düsseldorf 2002.
- ❖ April, Konstantin: Einstieg Internet. Infos und Tools fürs Internet mit Windows 3.x und Windows 95. (VEMAG Computerbibliothek). Mit CD-Rom. Köln 1996.
- ❖ Haller, Michael (Hg.): Recherchieren mit dem Internet. Konstanz 2002.

- Hejlek, Ossi: Der schlaue Internet-Guide für Einsteiger und Fortschrittene. Böhlau 1999.
- Hölscher, Christoph: Die Rolle des Wissens im Internet. Gezielt suchen und kompetent auswählen. Stuttgart 2002.
- Horn, Gustav: Wissen, Bildung, Lernen. Nachschlagewerke, Archive und Bibliotheken, Online-Datenbanken, Lernmaterial, Kurse und Sprachen, Informationen für Beruf und Schule – gezielt finden. Eltville 2000.
- Kleisny, Helga: Abenteuer Internet. Langen 2001.
- Kronenberg, Friedrich/Weiß, Julia: Internet. Mit CD-Rom. 4. überarbeitete Auflage. Bonn 2001.
- Otten, Dietmar: Reif fürs Internet. Internet-Training und Informationen. Genehmigte Sonderausgabe 2001.
- Potempa, Thomas/Franke, Peter/Osowski, Wilfried: Informationen finden im Internet. Leitfaden für die gezielte Online-Recherche. 3., aktualisierte Auflage. München 2001.

Die folgende Auflistung integriert Internetpraxisratgeber, die auf spezifische Themenbereiche beschränkt sind:

- Arbeitsgemeinschaft Katholisch-Sozialer Bildungswerke (AKSB) (Hg.): Online in die Zukunft. Internet und außerschulische politische Bildung. Erfahrungen, Adressen, Materialien. Bonn 1998. (=Bernsberger Studien, 10).
- Autor/Hg.?: Pädagogischer Schnäppchenführer (PSF) 2003. Für Lehrer/innen, Referendar/innen und Erzieher/innen. Der bundesweite Wegweiser zu 913 kostenlosen oder gegen Schutzgebühr erhältlichen Medienpaketen, Broschüren, Bastel-Vorschlägen, Foliensätzen. Lichtenau-AOL-Verlag. Scherzheim 2002.
- Gugel, Günther/Rother, Thomas M.: Internet & Co. Netzwerke, Mailboxen, Datenbanken für Bildung, Frieden, Umwelt und Entwicklung. Ein Netzwerk- und Datenbankführer. Tübingen 1997.
- Kranz, Dieter/Tiedemann, Paul (Hg.): Internet für Anglisten. Eine praxisorientierte Einführung. Darmstadt 2000.
- Lindner, Johannes: Wirtschaftsdidaktischer Materialienführer. Überblick über didaktisches Material für den ökonomischen Unterricht in Österreich und Deutschland. Wien 1997.
- Morawietz, Holger: Internet-Adressen für Schulfächer: Mathematik und Informatik. In: Lernwelten. Projekte-Medien-Schule. 2002. Heft 4.
- Ruprecht, Gisela: Politische Bildung im Internet. Mit Tipps und Tricks. 3., erweiterte und überarbeitete Auflage. Schwalbach 2002.

Die Möglichkeit, sich auf Basis von Buchpublikationen über fachspezifisch relevante Internetadressen zu informieren, wird durch das im folgenden aufgelistete CD-Rom-Angebot für LehrerInnen ergänzt. CD-Rom – Internetpraxisratgeber bieten den Vorteil, über Hyperlinks direkt auf Websites mit unterrichtsverwertbaren Materialien zuzugreifen:

- CD-Rom vom Aulis Verlag Deubner Co KG: Hildebrand, Jens: Internet. CD-Rom für Lehrer 2001. 3. aktualisierte Auflage. Köln 2001.
- CD-Rom vom Heureka-Klett-Verlag: Finder, C.: Geschichte, Politik, Geographie. Das Internet für den Unterricht nutzen. Stuttgart 2000.

❖ CD-Rom vom Kettler-Verlag: Landesinstitut für Schule und Weiterbildung (Hg.): Umwelt und Entwicklung. 23 Internet-Server auf CD-Rom. Ein Orientierungs- und Serviceangebot für Schule, Unterricht und Lehrerbildung zum Agenda-Prozess mit der Multimedia-Anwendung "Netzwelten". Bönen 1998.

❖ CD-Rom vom Kettler-Verlag: Landesinstitut für Schule und Weiterbildung Westfalen (Hg.): Umwelt und Entwicklung 2000. Bildung auf dem Weg zur Nachhaltigkeit. 40 Internet-Server auf 2 CD-Roms mit der Mulitmedia-Anwendung „Weltreisen". Bönen 2000.

❖ CD-Rom vom Leisuresoft Verlag: Internet Guide für Lehrer. Bönen 2001.

❖ CD-Rom vom United Soft Media Verlag: Internet Guide für Lehrer. Zeitgemäß und effizient unterrichten. München 2001.

Für die Absteckung des rechtlichen Rahmens zum Einsatz des Internets in Schule und Unterricht bietet der Buchmarkt eine Reihe mehr und minder geeigneter Publikationen zu Jugendmedienschutz und Urheberrecht an:

❖ Autor/Hg.?: Neue Medien. Medienkompetenz erlangen – aber wie? Erfahrungen, Checklisten, Recht. Mit CD-Rom. Pädagogischer Zeitschriftenverlag. Berlin 1999. (=PZV-Ratgeber).

❖ Born-Herrnstadt, Sigrid (Hg.): Jugendmedienschutz. Gesetzestexte. Bonn 1999.

❖ Bundesarbeitsgemeinschaft Kinder- und Jugendschutz (Hg.): Medienkontrollinstitutionen in Deutschland. Eine Übersicht. Neuwied u.a. 2000.

❖ Gangloff, Tilmann P.: Ich sehe was, was du nicht siehst. Medien in Europa. Perspektiven des Jugendschutzes. Berlin 2001.

❖ Götting, Horst-Peter: Multimedia, Internet und Urheberrecht. 2. Auflage. München 2000.

❖ Hörz, Günther: Internet und Recht in der Schule. Rechtliche Grundlagen und Hilfestellungen für die Schulleitung. Neuwied u.a. 2001.

❖ Liesching, Marc: Jugendmedienschutz in Deutschland und Europa. Die historische und gegenwärtige Entwicklung des gesetzlichen Jugendmedienschutzes in Deutschland mit rechtsvergleichendem Blick auf Staaten der Europäischen Union sowie der Schweiz. Regensburg 2002. (=Theorie und Forschung : Rechtswissenschaften, 108). (zugl. Dissertation an der Universität München).

❖ Lober, Andreas: Computerspiele und der gesetzliche Jugendmedienschutz. Tübingen 2000. (zugl. Dissertation an der Universität Tübingen, 2000).

❖ Merx, Oliver (Hg.): Multimedia-Recht für die Praxis. Berlin u.a. 2002.

❖ Meyer-Albrecht, Hans: Multimedia in der Schule. Urheberrecht und andere Rechtsfragen bei der Anwendung neuer Technologien. Neuwied u.a. 2001. (=Praxishilfe Schule).

❖ Richard, Rainer: Jugendschutz im Internet. Ein aktueller und kritischer Wegweiser für Lehrer und Eltern. Kissing 2001.

In der Konzeption ähnlich wie Internetpraxisratgeber für LehrerInnen, sind Internetpraxisratgeber mit schwerpunktmäßiger Zielgruppenorientierung auf SchülerInnen der Sekundarstufen, wobei diese sich durch die perspektivische Ausrichtung auf die Nutzungsgründe von SchülerInnen unterscheiden. Die Funktion der Ratgeber, schnellen Zugriff auf spezifische Websites zu ermöglichen, ist hier nicht inhaltlich auf Online-Unterrichtsmaterialien ausgerichtet, sondern auf

Websites, die Eignungswert für die Vorbereitung auf Klausuren und Prüfungen sowie für die Konzeption von Referaten haben. Die unten aufgeführten Internetpraxisratgeber mit Schülerperspektive können auch dem Arbeitsalltag von LehrerInnen der Sekundarstufen dienlich sein: Zum einen für die Unterrichtsvorbereitung und die Recherche nach Unterrichtsmaterialien und zum anderen für die Einschätzung von erbrachten Referats-, Hausarbeits- und Prüfungsleistungen durch den Nachvollzug der internetgestützten Gestaltungs- und Lernwege der SchülerInnen:

- ❖ Atzbach, Reinhard: Pocket Teacher Sekundarstufe I. Internet für Schüler. Berlin 2001. (=Cornelsen Lernhilfen).
- ❖ Autor/Hg.?: Die große Internet Fibel für Schüler. Sybex-Verlag. Düsseldorf 2000.
- ❖ Bertram, Kathrin: Internet Scout für Teens. Infotainment für Schüler. Dedenhausen 2001.
- ❖ Dick, Ute/Jansen, Fabian/Jansen, Ronny: Der große Internetführer für Schüler. Die besten Adressen für alle Fächer. Spitzenzensuren durchs Internet. Köln 2000.
- ❖ Dick, Ute/Jansen, Fabian/Jansen, Ronny: Internet-Atlas für Schüler 2002. 2. aktualisierte Auflage. Düsseldorf 2001.
- ❖ Feldhaus, Hans-Jürgen/Herbert, Ina: Clever durchs Internet. Tolle Suchtipps für Schüler. Würzburg 2000.
- ❖ Feldhaus, Hans-Jürgen: Info- Guide. Die wichtigsten Adressen aus dem www für Schüler. Würzburg 2001.
- ❖ Gundlach, David: Internetadressen für Schüler, Studenten und Azubis. Freiburg 2000.
- ❖ Jansen, Ronny/Jansen, Fabian/Dick, Ute: Internet-Atlas für Schüler. Köln 2000.
- ❖ Kienitz, Günter W./Grabis, Bettina: Der Internet-Guide für Schüler. Das Wissen der Welt und wo du es findest. Vollständig durchgesehene und aktualisierte 9. Auflage. Kempen 2001.
- ❖ Otten, Dietmar: Clever suchen im Internet für Schüler. Der Internet- Führer. Im Netz zu guten Noten. Königswinter 2000.
- ❖ Petrowski, Thorsten: Der Internetguide für clevere Kids. Ab 5. Klasse. Hausaufgaben, Referate, Lerntipps. München 2001.
- ❖ Prinz, Peter. Das Internet 1x1 für Eltern, Schüler und Lehrer. Berlin 2001.
- ❖ Schwarz, Manfred/Kramer, Patrick/Keller, Jost: PC- Profi. Best of Internet. Internetadressen für Schüler. Ravensburg 2001.
- ❖ Wimmeroth, Ulrich: Die besten Internetadressen für Schüler: Bessere Noten mit dem Computer. München 2001.

Diese für SchülerInnen konzipierten Buchpublikationen werden durch folgende CD-Rom-Veröffentlichungen ergänzt:

- ❖ CD-Rom vom Leisuresoft Verlag: Internet Guide für Schüler. Bönen 2001.
- ❖ CD-Rom vom Rondomedia Verlag: Internet Guide für Schüler. Mönchengladbach 2002.
- ❖ CD-Rom vom Tandem Verlag: Clever suchen im Internet. CD-Rom für Schüler. Königswinter 2001.
- ❖ CD-Rom vom United Soft Media Verlag: Der neue Internet Guide für Schüler 2.0. Das Wissen der Welt und wo man es findet. München 2002.
- ❖ CD-Rom vom United Soft Media Verlag: Internet Guide für Schüler. Das Wissen der Welt und wo Du es findest. München 2000.

Auf dem Buchmarkt sind auch Internetpraxisratgeber präsent, die für das noch jüngere SchülerInnenklientel konzipiert sind. Diese Publikationen sind jedoch inhaltlich nicht auf die Nutzung des Internets für Schularbeiten ausgerichtet, sondern auf den altersgerecht spielerischen Einstieg in das Internet.

Die im nächsten Kasten aufgelisteten Internetpraxisratgeber dienen zum Teil auch als pädagogische Wegweiser für Eltern und für LehrerInnen der Primarstufe und den frühen Klassen der Sekundarstufe I:

> ❖ Bertram, Kathrin: Internet Scout für Kids: Kinderleichter Einstieg in eine Welt voller Wunder und Wissen. Mit deiner geheimen PIN. Dedenhausen 2001.
> ❖ Deola, Marco: Kids ans Netz. Aarau 2000.
> ❖ Hamann, Sabine: Der Internet-Guide für Eltern und Kids. Gemeinsam surfen und den Cyberspace erforschen. 2. Auflage. München 2000.
> ❖ Majetschak, Beate: Internet für Kids. Mit CD. Bonn 2000.
> ❖ Pedersen, Ted/Moss, Francis: Internet for kids! Ein Ratgeber für Kinder, Eltern und Lehrer. Hamburg 1997.
> ❖ Walt Disney (Hg.): Internet von A bis Z. München 2000.

Interessant für LehrerInnen der Primarstufe und auch der frühen Jahrgänge der Sekundarstufe I ist die nun folgende Literaturliste. Die Liste umfasst Anregungen für die Beratung von Eltern zur Medienerziehung, dabei die Möglichkeiten des Aussprechens von Literaturempfehlungen in Beratungsgesprächen mit Eltern zur Medienerziehung, empirische Befunde zu kognitiven Voraussetzungen der Grundschulkinder bei der Integration von Computer und Internet in den Unterricht, didaktische Tipps und Leitfäden für den praktischen Einsatz von Computer, Lernsoftware und Internet im Unterricht sowie komplette und imitationsfähige Darstellungen von Internetprojekten in der Grundschule. Der Schwerpunkt der Dimensionen „Mediennutzung" und „Medienkunde" wird durch die Dimension der „Mediengestaltung" ergänzt, da mit Fixpunkt auf den Einsatz von Computer und Internet in Schule und Unterricht auch didaktische Leitfäden für die Gestaltung webfähiger Seiten integriert sind.

Die für LehrerInnen der Primarstufe konzipierten Publikationen zum Internet sind daher im Vergleich zu den Internetpraxisratgebern für LehrerInnen der Sekundarstufen nicht als Rechercheleitfäden im Einführungsstil für die Suche unterrichtsrelevanter Onlinepräsentationen charakterisierbar, sondern als didaktische Publikationen für die Integration von Computer und Internet in Schule und Unterricht:

❖ Arenhövel, Franz: Computereinsatz in der Grundschule. Donauwörth 1994.

❖ Bergmann, Wolfgang: Computer machen Kinder schlau. Was Kinder beim Computerspielen sehen und fühlen, denken und lernen. Mit Analysen und Bewertungen der besten Software. München 2000.

❖ Blatt, Inge/Hammerer, Claudia/Meuser, Verena/Sabban, Susanne: Computer ab Klasse 1? Erfahrungen beim Einsatz im Sprachlichen Anfangsunterricht. In: Grundschulunterricht. 45 (1998). Heft 5. S. 13 bis S. 17.

❖ Blatt, Inge/Rockel, Heiko: Das "Füchslein" im Internet. Der Einzug neuer Medien in die Grundschule. In: Grundschule. 28 (1996). Heft 10. S. 52 bis S. 56.

❖ Blatt, Inge: Der Maulwurf. Ein Schreibprojekt im Deutsch- und Sachunterricht (Klasse 3 oder 4). In: Grundschulunterricht. 2002. Heft 2.

❖ Blatt, Inge: Rätsel lösen per E-Mail. Ein Schreib- und Leseanlass in Klasse 3 und 4. In: Grundschulunterricht. 2001. Heft 9.

❖ Burkhardt, Wolfgang: Förderung kindlicher Medienkompetenz durch die Eltern. Grundlagen, Konzepte und Zukunftsmodelle. Opladen 2001. (=Schriftenreihe Medienforschung der Landesanstalt für Rundfunk Nordrhein-Westfalen, 40).

❖ Büttner, Christian & Elke Schwichtenberg (Hg.): Grundschule digital. Möglichkeiten und Grenzen der neuen Informationstechnologien. Weinheim u.a. 2001.

❖ Büttner, Christian/Schwichtenberg, Elke (Hg.): Computer in der Grundschule. Geräte, didaktische Konzepte, Unterrichtssoftware . Weinheim u.a. 1997.

❖ Cottmann, Kathrin: Wie verstehen Kinder Maschinen und Computer? München 1998.

❖ Diekneite, Jörg: Grundschule zwischen Bilderbuch und Internet. Erkenntnisse und Anregungen des Paderborner Grundschultages 2000. Kinderwelt – Medienwelt. München 2001.

❖ Drewes, Detlef: Fernsehen, Internet & Co. Wie Kinder Medien sinnvoll nutzen können. Augsburg 2002.

❖ Feil, Christine (Hg.): Internet für Kinder. Hilfen für Eltern, Erzieher und Lehrer. Opladen 2001. (=DJI-Reihe).

❖ Galensa, Heike/Warnecke, Vera: Internet-Guide für die Grundschule. Mülheim an der Ruhr 2001.

❖ Hamann, Sabine: Sechs Internetprojekte für die Grundschule. Fächerübergreifend mit und ohne Computer. Lichtenau-Scherzheim 2002.

❖ Hamann, Sabine: Wir bauen uns eine Homepage. Eltern und Kids gehen ins Internet. München 2001.

❖ Hindmarsh, Ronald: Computergestütztes Lernen in der Schule. In: Grundschulunterricht. 2002. Heft 2.

❖ Hoffmann, Bernward: Klick dich ein. Spiele und Ideen zur Medienpädagogik für 6 bis 14-Jährige. Mainz 2000. (=Edition Psychologie und Pädagogik).

❖ Kastel, Conni/Reincke, Ute: Neue Medien im Anfangsunterricht. In: Grundschulunterricht. 2002. Heft 3.

❖ Lange, Andreas/Lüscher, Kurt: Kinder und ihre Medienökologie. München 1998.

❖ Lietzau, Brigitte: Schriftspracherwerb mit Einsatz des Computers als Schreibwerkzeug. In: Grundschulunterricht. 2002. Heft 2.

❖ Lorenz, Werner: Online-Medien für die Grundschule. Lernen mit Neuen Medien in der Grundschule. Bönen 1997. (hg. vom Landesinstitut für Schule und Weiterbildung Westfalen).

❖ Medienpädagogischer Forschungsverbund Südwest (Hg.): Elternarbeit zum Thema Medienerziehung. Basisbaustein. Grundschule und Sekundarstufe I. Donauwörth 2000.

❖ Ministerium für Kultus, Jugend und Sport Baden-Württemberg (Hg.): Medienabenteuer in der Grundschule. Praxisbaustein. Für die Grundschule. Klasse 3 und 4. Donauwörth 2001.

❖ Müller, Stephanie: Kind und Computer. Ein Ratgeber für Eltern und Erzieher Nürnberg 2001.

❖ Murnau, Richard F.: Mord im Internet. Der leichte Krimi für die Grundstufe. Stuttgart 2001.

❖ Nicolas, Bärbel: Wir machen einen "Film". Ein Computer-Projekt mit dem 5./6. Jahrgang der Schwielowsee-Grundschule. In: Grundschulunterricht. 2002. Heft 2.

❖ Runte, Petra: Computereinsatz in der Grundschule. Auswertung qualitativer Unterrichtsprotokolle. Dortmund 1999. (zugl. Diplomarbeit an der Universität Dortmund, 1990).

❖ Schönrade, Silke (Hg.): Kindheit ans Netz? Was Psychomotorik in einer Informationsgesellschaft leisten kann. Dortmund 2002.

❖ Schulz, Norbert: Kinderlyrik im Internet. In: Grundschulunterricht. 2002. Heft 3.

❖ Schweer Martin, K. W.; Lukaszewski, Frank: Neue Medien in der Grundschule. Erste empirische Befunde zum Nutzungsverhalten von Grundschülern. In: Lernwelten. Projekte-Medien-Schule. 2002. Heft 4.

❖ Schwetschenau, Silke: Computerkurs Grundschule - erste Expeditionen ins Internet in 10 Kurzprojekten. Mülheim an der Ruhr 2001.

❖ Seidel, Sylvia: Computereinsatz in der Grundschule. Tipps für Einsteiger. Arbeiten mit Word, Einsatz von Lernsoftware. Eigene Seiten gestalten. Neuried 2000.

❖ Staatsinstitut für Schulpädagogik und Bildungsforschung München (Hg.): Einsatz des Computers in der Grundschule. Handreichung. Band 2. Donauwörth 2001.

❖ Streuff, Sybille: Ran an die Mäuse. Computereinsatz in der Grundschule. Mit CD-Rom. Neuried 2002.

❖ Toman, Hans: Computerkinder in der Grundschule. Zur Aneignung individueller Medien- und Internetkompetenz auf der Basis vorhandener Lesekompetenz am Ende des 1. Schuljahres. Baltmannsweiler 2002.

❖ Tudodziecki, Gerhard/Six, Ulrike: Medienerziehung in der Grundschule. Grundlagen, empirische Befunde und Empfehlungen zur Situation in Schule und Lehrerbildung. Opladen 2000.

❖ Vogt, Ulrich: Wie Bonni, Logi und Harald im Internet surfen. Ein interaktiver Computerkurs für Kinder vom 3. - 6. Schuljahr. Paderborn 2001.

❖ Wöckel, Stephan: Internet in der Grundschule. Medienpädagogik und didaktische Grundlagen. Stuttgart 2000.

Die vergleichende Recherche für didaktische Publikationen mit Zielgruppenorientierung auf ErzieherInnen im Kindergarten erbringt nur zwei ausdrücklich für den Einsatz des Computers im Kindergarten ausgewiesene Publikationen:

❖ Neuß, Norbert/Michaelis, Carola: Neue Medien im Kindergarten. Spielen und lernen mit dem Computer. Offenbach 2002.

❖ Palme, Hans-Jürgen: Computern im Kindergarten. Was Kinder am Computer spannend finden und wie Erzieherinnen damit umgehen können. Mit CD-Rom. München 1999.

Die Ratgeber für LehrerInnen der Primarstufe veranlassen, da sie didaktisch auf die Integration des Computers und des Internets in Schule und Unterricht ausgerichtet sind, zu der Fragestellung nach einer analogen Kategorie von Publikationen für LehrerInnen der Sekundarstufen. Die Dimension der „Mediengestaltung" steht dabei durch etliche Publikationen mit Leitfadencharakter für die Konstruktion und die Entwicklung von Websites durch beispielsweise die Funktionalisierung des

Internets als Präsentationsmedium für Schulen, Unterrichtsprojekte und Kommunikationsbeiträge in Diskussionsforen, im Vordergrund. Zum einen bindet die folgende Literaturliste didaktische Publikationen für die Einbeziehung von Computer und Internet in Schule und Unterricht ein, zum anderen integriert die Liste Ratgeber für Aufbau, Wartung und Kostenkalkulation von vernetzten Computerräumen in Schulen. Diese sind nicht fachspezifisch ausgerichtet und nur partiell nach Schulformen differenziert.

Integriert sind auch Publikationen, die als technische und journalistische Ratgeber für Aufbau und Gestaltung von Onlinepräsentationen fungieren, obwohl diese Publikationen keine Beschränkung auf das LehrerInnenklientel vorgenehmen. Dennoch können auch diese Publikationen ergänzend hilfreich für die Planung und Durchführung von Internetprojekten in Schule und Unterricht sein.

Daher sind sie in folgender Literaturliste integriert:

❖ Albrecht, Rainer (Hg.): Lehren und Lernen mit Neuen Medien. Plattform, Modelle, Werkzeuge. (=Medien in der Wissenschaft, 12). Münster 2001.

❖ Baltes, Beate: Online-Lernen. Schwangau 2001.

❖ Bathe, Hans-Ulrich: Internet im Unterricht. Das Praxisbuch. Materialien für Lehrer. Mit komplettem Intranet für die ganze Schule auf CD-Rom. Neuried 2002.

❖ Böcher, Helmut/Koch, Roland: Medienerziehung: Theorie und Praxis. Nach den Richtlinien von NRW. (Lernmaterialien) . Köln 1998.

❖ Breiter, Andreas/Kubicek, Herbert: Informationstechnologie-Planer für Schulen. Leitfaden für allgemeinbildende Schulen zur Planung, Kostenabschätzung und Finanzierung der Medienintegration. Broschüre mit interaktiver Planungs-CD-Rom. 3. Auflage. Gütersloh 2000.

❖ Bruns, Beate/Gajewski, Petra: Multimediales Lernen im Netz. Leitfaden für Entscheider und Planer. 2. Auflage. Berlin u.a. 2000.

❖ Burrows, Terry: Präsentationen für Fortgeschrittene. Eigene Bilder einfügen. Illustrationen und ClipArts. Eine Gallery erzeugen. Klänge und Musik einfügen. Symbolleiste anpassen. München 2001.

❖ Busch, Frank/Mayer, Thomas B.: Der Online-Coach. Wie Trainer virtuelles Lernen optimal fördern können. Weinheim u. a. 2002.

❖ Donath, Reinhard,/Volkmer, Ingrid (Hg.): Das transatlantische Klassenzimmer. Tipps und Ideen für Online-Projekte in der Schule. Hamburg 2000.

❖ Eble, Karin/Schumacher, Irene: Medi@girls. Medienprojekte für Mädchen. München 2002.

❖ Engel, Gaby: Lernen mit Neuen Medien. Grundlagen und Verfahren der Prüfung. 3., erweiterte und überarbeitete Auflage. Bönen 1998. (hg. vom Landesinstitut für Schule und Weiterbildung Westfalen).

❖ Ernst, Wolfgang: Internet offline. Einführung in die Arbeit mit dem Internet. Arbeitsheft für Schüler. Berlin 2000.

❖ Fuest, Hermann/Kruse, Dorothea: Eine neue Lernwelt. Das Netz als Präsentationsmedium. Eigene Gestaltung von Kommunikationsbeiträgen und medialen Angeboten. Gütersloh 1999.

❖ Geisz, Martin: Wir sind drin! Das WWW wirklich nutzen: 21 Projekte, Methoden, Tricks und Tipps. Lichtenau-Scherzheim 2001.

❖ Geisz, Martin: Internet praktisch im Unterricht. Lern- und Arbeitstechniken am Beispiel globaler Probleme. Ab Klasse 8. Mülheim an der Ruhr 2001.

❖ Geisz, Martin: Lernen im Internet. Der Internet-Führerschein mit der Lizenz zum Surfen. Lichtenau-Scherzheim 2000.

❖ Gerdes, Heike: Lernen mit Text und Hypertext. Lengerich u.a. 1997. (=Aktuelle psychologische Forschung, 18). (zugl.: Dissertation an der Universität Trier, 1996).

❖ Glück, P.-R.: Internet für die berufliche Schule. Anleitung und Materialien für den Umgang mit dem neuen Medium "Internet" und seinen Einsatz in der beruflichen Schule. Köln 1997.

❖ Gropengießer, Anke: Fit fürs Internet. Der Weg zur eigenen Homepage. Ludwigsburg 1999.

❖ Hobrecht, Petra: Lernen mit neuen Medien. Grundlagen und Verfahren der Prüfung. 4. erweiterte und überarbeitete Auflage. Bönen 1999. (hg. vom Landesinstitut für Schule und Weiterbildung Westfalen).

❖ Hooffacker, Gabriele : Online-Journalismus. Schreiben und Gestalten für das Internet. Ein Handbuch für Ausbildung und Praxis. München 2001.

❖ Huber, Peter: Internet im Unterricht. Ratgeber für Lehrer. 3., überarbeitete Auflage. Neuried 2000.

❖ Jäger, Michael/Bremer, Claudia: Per Anhalter durchs Internet. Anregungen für den Unterricht. Wiesbaden 2001.

❖ Janssen, Ludwig/Schnepper-Fries, Horst: Internet und HTML für Lehrer und Schüler. Ein praxisorientierter Leitfaden. Mit CD-Rom. Hannover 1997.

❖ Jarausch, Susanna/Stangl, Ilse: Internet in der Volksschule. Der aktuelle didaktische Leitfaden für Lehrerinnen und Lehrer mit praktischen Unterrichtstipps. Wien 2001.

❖ Koch, Hartmut/Hartmut Neckel: Unterrichten mit Internet & Co. Methodenhandbuch für die Sekundarstufe I und II. Berlin 2001.

❖ Liebetrau, Peter: In @cht Minuten um die Erde. Leitfaden für Lehrerinnen und Lehrer zum Einsatz des Internet im Unterricht. Wiesbaden 1999. (Materialien zum Unterricht, Sekundarstufe 1, 141).

❖ Maier, Wolfgang: Mit Medien motivieren. Beispiele für den Unterricht. Mit CD-Rom. Wiesbaden 2001. (=Praxisreihe Bildung und Information).

❖ Mandl, Heinz/Reinmann-Rothmeier, Gabi/Prenzel, Manfred: Computergestützte Lernumgebungen. Planung, Gestaltung und Bewertung. Erlangen 1994.

❖ Meier, Klaus: Internet-Journalismus. Ein Leitfaden für ein neues Medium. 3., überarbeitete und erweiterte Auflage. Konstanz 2002.

❖ Moser, Heinz: Abenteuer Internet. Lernen mit WebQuests. Mit CD-Rom. Donauwörth 2000.

❖ Moser, Heinz: Wege aus der Technikfalle. Computer und Internet in der Schule. Zürich 2001.

❖ Niegemann, Helmut: Neue Lernmedien. Konzipieren, entwickeln, einsetzen. Göttingen 2001.

❖ Perrochon, Louis: School goes Internet. Das Buch für alle Lehrerinnen und Lehrer. 2. aktualisierte Auflage. Heidelberg 1999.

❖ Perrochon, Louis: School goes Internet. Das Buch für mutige Lehrerinnen und Lehrer. Heidelberg 1997.

❖ Reimann, Peter/Zumbach, Jörg: Lernen mit neuen Medien. Instruktionspsychologische Grundlagen. Stuttgart 2002.

❖ Schäfer, Eva (Hg.): Internet, Film, Fernsehen. Zur Nutzung aktueller Medien als Folie für Selbst- und Weltbilder. München 2000. (=Ästhetik - Medien – Bildung, 3).

❖ Schulmeister, Rolf: Grundlagen hypermedialer Lernsysteme. Theorie, Didaktik, Design. 3., korrigierte Auflage. München u.a. 2002.

❖ Siegle, R./Wolff, J. (Hg.): Werkstatt Medien. Mails and More. Computer und Internet. Stuttgart 2001.

❖ Thissen, Frank (Hg.): Multimedia-Didaktik. In Wirtschaft, Schule und Hochschule. Berlin 2003.

Publikationen, die fachspezifisch begrenzt Ideenanreize und didaktische Tipps für den Einsatz von Computer und Internet in den Unterricht eines bestimmten Faches bieten, sind folgende:

- ❖ Baurmann, Jürgen (Hg.): Deutsch vernetzt. Literatur & Medien. Frankfurt am Main 2001.
- ❖ Blatt, Inge: Der Computer im Deutschunterricht. Eine Bestandsaufnahme. In: Deutschunterricht. 49 (1996). Heft 12. S. 601 bis S. 607.
- ❖ Borgmann, Elmar-Laurent: Sprachen lernen mit neuen Medien. Frankfurt am Main 1997.
- ❖ Bormann, Andreas/Gerdzen, Rainer: Internet im Deutschunterricht. Eine Einführung mit Unterrichtsideen für Lehrer. Stuttgart 2000.
- ❖ Crystal, David von: Language and the Internet. Stuttgart 2002.
- ❖ Donath, Reinhard: Deutsch als Fremdsprache. Projekte im Internet. Stuttgart 2000.
- ❖ Donath, Reinhard: Internet und Englischunterricht. Stuttgart 1997. (=Unterrichtspraxis).
- ❖ Durscheid, C. : Alte und neue Medien im DaF-Unterricht. In: Deutsch als Fremdsprache. (38) 2001. Heft 1. S. 42 bis S. 46.
- ❖ Duval-Moatti, Brigitte/Roche, William: Nutzung des Internet im Fach Wirtschafts- und Rechtslehre. Handreichungen für den Unterricht in Wirtschafts- und Rechtslehre. 13. Folge. Mit Diskette. Donauwörth 2000. (hg. Vom Staatsinstitut für Schulpädagogik und Bildungsforschung München).
- ❖ Erlinger, Hans Dieter (Hg.): Medienerziehung im Deutschunterricht. Materialien für die Praxis. Essen 1998. (=Siegener Studien, 59).
- ❖ Erlinger, Hans Dieter/Marci-Boehncke, Gudrun (Hg.): Deutschdidaktik und Medienerziehung. Kulturtechnik Medienkompetenz in Unterricht und Studium. München 1999.
- ❖ Erlinger, Hans-Dieter: Neue Medien. Edutainment, Medienkompetenz. Deutschunterricht im Wandel. München 1997.
- ❖ Flath, Martina/Fuchs, Gerhard (Hg.): Lernen mit neuen Medien im Geographieunterricht. Stuttgart 2000. (= Perthes Pädagogische Reihe).
- ❖ Hartwig, Uta: Internet im Geschichtsunterricht. Sekundarstufe I/II. Stuttgart 2001. (=Unterrichtspraxis).
- ❖ Hebel, Franz/Hoberg, Rudolf/Jahn, Karl-Heinz (Hg.): Fachsprachen und Multimedia. Frankfurt am Main u.a. 2002. (=Angewandte Sprachwissenschaft, 9).
- ❖ Hedtke, Reinhold: Fahr'n, fahr'n, fahr'n auf der Datenautobahn? Kleine Didaktik der Internetnutzung für sozialwissenschaftliches Lernen. In: Gegenwartskunde. 1999. Heft 4. S. 497 bis S. 507.
- ❖ Krueger-Brand, H.E.: Kongress "Schule und Neue Medien". Lernen mit dem Internet. Beispiel Umweltpädagogik. In: Deutsches Ärzteblatt. (95) 1998. Heft 50. S. 2254 ff.
- ❖ Kührt, Peter: Computer, Internet und Co im Politik- und Sozialkunde- Unterricht. Berlin 2002. (=Neue Medien im Fachunterricht: Praxishilfen).
- ❖ Landesinstitut für Erziehung und Unterricht Stuttgart (Hg.): Englischunterricht vernetzt und multimedial 2001. Englisch lernen mit den neuen Medien. Stuttgart 2001. (=Materialien /Englisch, SW 18).
- ❖ Mallig, H.-D.: Biologie-Online-Unterricht mit und aus dem Internet. In: Der mathematische und naturwissenschaftliche Unterricht. 54 (2001). Heft 1. S. 47 bis S. 50.
- ❖ Ministerium für Kultur, Jugend und Sport Baden-Württemberg (Hg.): Identität und Selbstdarstellung in neuen Medien. Hauptschule – Gymnasium – 8./9. Klasse. Praxisbaustein. Ich bin Ich – Darstellung der Persönlichkeit im Internet/Gestaltung einer multimedialen Bewerbung. Donauwörth 2000.
- ❖ Ministerium für Kultur, Jugend und Sport Baden-Württemberg (Hg.): Zeitreise. Auf der Suche nach der Medienwelt von gestern und heute. Für Realschulen. Klasse 9 und 10.

❖ Praxisbaustein. (Hypertext. Gedichte multimedial interpretiert/Bilder, die Lügen. Bilder machen Geschichte und Politik/ Die Peepbox oder Spiegelbilder/Virtueller Raum und Internet/Mozart im 21. Jahrhundert.) Donauwörth 2000.

❖ Mitschian, Haymo: Neue Medien - neue Lernwerkzeuge. Fremdsprachenlernen mit Computern. Erfahrungen und Möglichkeiten für Deutsch als Fremdsprache. Bielefeld 1999.

❖ Obermeyer, Jürgen: Internet und Französischunterricht. Stuttgart 1999. (=Unterrichtspraxis).

❖ Overmann, Manfred: Multimediale Fremdsprachendidaktik. Les sites internet à exploiter en classe et des cours prêts à l'emploi. Theorie und Praxis einer multimedialen, prozeduralen Didaktik im Kontext eines aufgaben- und handlungsorientierten Fremdsprachenunterrichts. Frankfurt am Main u.a. 2002. (Internet communication, 4).

❖ Rausch, M.: Chemie und Internet in der Schule. In: Praxis der Naturwissenschaften Chemie. (47) 1998. Heft 6. S. 2 ff.

❖ Schmitz, Ulrich/Elin-Birgit, Berndt (Hg.): Neue Medien im Deutschunterricht. Oldenburg 1997. (=OBST – Osnabrücker Beiträge zur Sprachtheorie, 55).

❖ Sperber, Jochen: Das Internet im Englischunterricht. Ein Praxisbuch für die Sekundarstufe. Donauwörth 2002.

❖ Thome, Günther/Thome, Dorothea (Hg.): Computer im Deutschunterricht der Sekundarstufe. Braunschweig 2000.

❖ Wadel, Reiner: Computer und Internet als Medium der politischen Bildung. In: Politisches Lernen. Vol. 15. Heft1/2. 1996. S. 24 bis S. 53.

❖ Beck, E.-G.: Der Biologiekurs Klasse 11/12/13 im Internet und Unterricht. In: Der mathematische und naturwissenschaftliche Unterricht. 54 (2001). Heft 1. S. 43 bis S. 45.

Die nächste Kategorie von Publikationen über das Internet ist im Schwerpunkt medienkritisch in Bezug auf Entwicklung, Nutzung und Gestaltung des Internets ausgerichtet.

Die Dimension der „Medienkritik" manifestiert sich in den im nächsten Kasten aufgelisteten Publikationen durch die medienkritischen Anlässe für die Entstehung der Publikationen, durch die entsprechend ausgerichteten Fragestellungen, durch die Antwort suchenden Initiativen (Evaluationen, Befragungen, etc.) und den aus diesen Ergebnissen abgeleiteten bildungspolitischen Forderungen, didaktischen Vorschlägen oder/und Optimierungskonzepten.

Die kritische Auseinandersetzung richtet sich im Schwerpunkt auf die mit den neuen Medien begründbaren Veränderungen der Gesellschaft allgemein und speziell der Schule. In dieser Konsequenz veränderte Bildungs(heraus)forderungen für bzw. an das Individuum werden im Rahmen der veränderten Bildungsvoraussetzungen und der Rolle der Bildungsinstitutionen diskutiert.

Publikationen mit ausdrücklichem Bezug auf den mediendidaktisch-schulischen Bereich konstatieren und diskutieren Veränderungen dieser Art beispielsweise durch die Diskussion der an die Schulen herangetragenen Herausforderungen, durch die

Reflektion von Erfahrungen mit dem Internet aus Sicht von SchülerInnen und LehrerInnen, durch Evaluationsforschungen zum internetbasierten Lehren und Lernen, durch Evaluationsforschungen zur Rolle von Hypertext bei der Informationsaneignung im Vergleich mit linearen Texten, durch Entwicklung und Evaluation didaktischer Konzepte internetbasierten Lernens, durch Bestandsaufnahmen bezüglich der Rolle des Internets in Schule und Unterricht und durch Prognosen für die zukünftige Rolle des Internets in Schule und Unterricht.

Die nun folgende Liste integriert unter anderem Evaluationsstudien, Bestandsaufnahmen, Projektberichte, Interviewstudien, medienanalytische Untersuchungen mit bildungsperspektivischer Ausrichtung und Analysen mediendidaktischer Konzepte:

❖ Astleitner, Hermann: Lernen in Informationsnetzen. Theoretische Aspekte und empirische Analysen des Umgangs mit neuen Informationstechnologien aus erziehungswissenschaftlicher Perspektive. Frankfurt am Main u.a. 1997.

❖ Baacke, Dieter/Lauffer, Jürgen: Jugend im Informationszeitalter unter besonderer Berücksichtigung des Internet. Expertise zum 7. Kinder- und Jugendbericht der Landesregierung Nordrhein-Westfalen. Düsseldorf 2000.

❖ Baacke, Dieter/Schnatmexer, Dorothee (Hg.): Neue Medien-neue Gesellschaft? Bielefeld 1997.

❖ Baacke, Dieter: Schulen und das Internet. Erste Ergebnisse der Begleitforschung zur NRW-Initiative "Schulen ans Netz - Verständigung weltweit". In: Forschung an der Universität Bielefeld. 17 (1998). S. 58 bis S. 62.

❖ Bergmann, Wolfgang: Die Welt der neuen Kinder. Erziehen im Informationszeitalter. Düsseldorf 2000.

❖ Bertelsmann Stiftung/Heinz Nixdorf Stiftung (Hg.): Neue Medien in den Schulen. Projekte - Konzepte – Kompetenzen. Eine Bestandsaufnahme. Gütersloh 1996.

❖ Bertelsmannstiftung (Hg.): Medien und Bildung. Gütersloh 1999. (=Bertelsmann-Briefe, 142).

❖ Blatt, Inge: Schreibprozess und Computer. Eine ethnographische Studie in zwei Klassen der gymnasialen Mittelstufe. Neuried 1996. (=Deutsche Hochschuledition, 47). (zugl. Dissertation an der Universität Hamburg, 1995).

❖ Botte, A./Rusch-Jeja, D./Theers, R. (Hg.): Bildungsmöglichkeiten im Internet. Virtuelle Lehre, vernetzte Lehr-/Lernmittel. Entwicklung, Anwendung, Evaluation und Informationsvermittlung. Dokumentation der 8. GIB-Fachtagung in Soest am 18. und 19. Oktober 2000. Berlin 2001.

❖ Botte, A./Rusch-Jeja, D./Theers, R. (Hg.): Schritte zur Qualitätsverbesserung von Bildungsinformationssystemen. Pragmatische Ansätze von Online- und Offline-Diensten. Dokumentation der 5. GIB-Fachtagung in Halle am 1.- 2. Oktober 1997 in Halle. Berlin 1998.

❖ Bundesministerium für Unterricht und Kulturelle Angelegenheiten in Österreich (Hg.): Neues Lernen für die Gesellschaft von morgen. Innsbruck u.a. 1996. (=Zukunftsforum, 6).

❖ Buschmeyer, Hermann: Unterstützung selbst gesteuerten Lernens in der Weiterbildung durch neue Medien. Erkundungsstudie. Bönen 2000. (hg. vom Landesinstitut für Schule und Weiterbildung Westfalen).

❖ Düx, Sascha: Internet, Gesellschaft und Pädagogik. Computernetze als Herausforderung für Jugendarbeit und Schule in Theorie und Praxis. München 2000. (zugl. Diplomarbeit 2000, Universität Köln).

❖ Ebmeier, Ulrike (Hg.): Schule und Unterricht im Zeichen der neuen Medien. Stuttgart 1997.

❖ Fasching, Thomas: Internet und Pädagogik. Kommunikation, Bildung und Lernen im Netz. München 1997. (zugl. Diplomarbeit an der Universität der Bundeswehr in München, 1997).

❖ Frindte, Wolfgang/Köhler, Thomas/Marquet, Pascal/Nissen, Elke (Hg.): Internet based teaching and learning (IN-TELE) 99. In-Tele 99 Konferenzbericht. Frankfurt am Main (u.a.) 2001. (=Internet communication, 3).

❖ Geisz, Martin: Unsere Welt online. Globales Lernen im Internet. Mühlheim an der Ruhr 1999.

❖ Gimmler, Roland: Kognitive und motivationale Dimensionen der Multimedianutzung. Eine explorative Analyse basierend auf individuellen Entscheidungen zur Nutzung von Anwendungen auf multimediafähigen Computern. Berlin 2002. (zugl. Dissertation an der Universität Koblenz/Landau, 2000).

❖ Götz, Klaus/ Mandl, Heinz/Reinmann-Rothmeier, Gabi: Evaluierung eines computerunterstützten Lernprogramms zur subjektiven Einschätzung motivationaler und kognitiver Wirkungen. 2. unveränderte Auflage. Würzburg 1999.

❖ Groner, Rudolf/Dubi, Miriam (Hg.): Das Internet und die Schule. Bisherige Erfahrungen und Perspektiven für die Zukunft. Bern u.a. 2001.

❖ Grune, Christian: Lernen in Computernetzen. Analyse didaktischer Konzepte für vernetzte Lernumgebungen. München 2000.

❖ Hannafin, Michael J. (Hg.): Computer, Internet, Multimedia - Potentiale für Schule und Unterricht. Ergebnisse einer Schul-Evaluation. 7. Auflage. Gütersloh 2001.

❖ Hedke, Reinhold/Kahlert, Joachim/Schwier, Volker: Unterrichtsmaterialien aus dem Internet. Eine empirische Studie über das Rechercheverhalten von Lehrenden. In: Gegenwartskunde. 1998. Heft 3. S. 636 bis S. 375.

❖ Hedtke, Reinhold/Kahlert, Joachim/Schwier, Volker: Umweltbildung, Unterrichtsvorbereitung und Internet. Wie nutzen Lehrerinnen und Lehrer Umweltinformationen im Internet? Berlin 1998. (=Herausgegeben von der UNESCO-Verbindungsstelle für Umwelterziehung, Forschungsbericht 320 010 36 im Auftrag des Umweltbundesamtes).

❖ Heine, Christoph/Duerr, Franz: Computer und neue Medien in der Schule. Erfahrungen mit EDV-gestützten Lernprogrammen und Erwerb von Computerkenntnissen während der Schulzeit. Befunde aus der Befragung der studienberechtigten Schulabgänger 1999. Hannover 2001. (=Kurzinformation / HIS, Hochschul-Informations-System GmbH : A ; 2001, 5).

❖ Herzig, Bardo (Hg.): Medien machen Schule. Grundlagen, Konzepte und Erfahrungen zur Medienbildung. Bad Heilbrunn 2001.

❖ Hug, Theo (Hg.): Medienpädagogik in der Globalisierung. Frankfurt am Main u.a. 2001. (=Siegener Periodicum zur internationalen empirischen Literaturwissenschaft, 19,2).

❖ Johnson, Lesley L.: Media, education and change. New York u.a. 2001. (=Counterpoints, 106).

❖ Kleinschmidt-Bräutigam, Mascha: Neue Medien - neues Lernen? Oder: Wie können neue Medien zur Schulentwicklung beitragen? In: Grundschulunterricht. 2002. Heft 2.

❖ Kraemer, Rudolf-Dieter (Hg.): Multimedia als Gegenstand musikpädagogischer Forschung. Essen 2002. (Musikpädagogische Forschung, 23).

❖ Kranz, Dieter (Hg.): Multimedia - Internet – Lernsoftware. Fremdsprachenunterricht vor neuen Herausforderungen? Münster 1997. (=Edition Volkshochschule, 4).

❖ Landesinstitut für Erziehung und Unterricht Stuttgart (Hg.): Mädchen, Jungen und Computer. Evaluationsstudie (Auszüge) und Projektberichte. Stuttgart 2001. (=Innovative Schulprojekte, SW 19).

❖ Langen Claudia (Hg.): Schulinnovation durch neue Medien. Entwürfe und Ergebnisse in der Diskussion. Gütersloh 1999.

❖ Machill, Marcel/Peter von, Felicitas (Hg.): Internet-Verantwortung an Schulen. Gütersloh 2001.

❖ Mandl, Heinz/Reinmann-Rothmeier, Gabi/Gräsel, Cornelia: Gutachten zur Vorbereitung des Programms „Systematische Einbeziehung von Medien, Informations- und Kommunikationstechnologien in Lehr-Lern-Prozesse". Bonn 1998. (Materialien zur Bildungsplanung und zur Forschungsförderung, 66).

❖ Mandl, Heinz/Reinmann-Rothmeier, Gabi: Wenn Neue Medien Neue Fragen aufwerfen. Ernüchterung und Ermutigung aus der Multimedia-Forschung. München 1997. (Forschungsbericht der Ludwigs-Maximilians-Universität, Lehrstuhl für Empirische Pädagogik und Pädagogische Psychologie, 85).

❖ Marquet, Pascal/Mathex, Stéphanie/Jaillet, Alain/Nissen, Elke (Hg.): Internet based teaching and learning (IN-TELE) 98. In-Tele 98 Konferenzbericht. Frankfurt am Main (u.a.) 1999. (=Internet communication, 2).

❖ Matuschek, Ingo: Neue Medien im Arbeitsalltag. Empirische Befunde - Gestaltungskonzepte - Theoretische Perspektiven. Wiesbaden 2001.

❖ Meister, Dorothee M.: Multimedia. Chancen für die Schule. Neuwied u.a. 1999.

❖ Niehoff, Marion: Fremdsprachenlernen mit Multimedia. Anforderungen aus Sicht der NutzerInnen. Eine qualitative Untersuchung zum selbstorganisierten Lernen. Frankfurt am Main u.a. 2002. (=Werkstattreihe Deutsch als Fremdsprache, 74). (zugl. Dissertation an der Europa-Universität. Frankfurt an der Oder, 2002).

❖ Niesyto, Horst: Medienpädagogik und soziokulturelle Unterschiede. Studie der Pädagogischen Hochschule Ludwigsburg im Auftrag des Medienpädagogischen Forschungsverbundes Südwest. Ludwigsburg 2000.

❖ NWBib/Reisner, Imogen. Der Laptop im Tornister. Kids im Datennetz. Medienkompetenz fordert Politiker, Eltern und Pädagogen. In: Neues Rheinland. 40 (1997). Heft 2. S. 6 bis S. 7.

❖ Schindler, Wolfgang (Hg.): Bildung in virtuellen Welten. Praxis und Theorie außerschulischer Bildung mit Internet und Computer. Frankfurt am Main 2001. (=Beiträge zur Medienpädagogik, 6).

❖ Schröder, Rudolf: Multimediales und hypermediales Lernen im Wirtschaftslehreunterricht. Möglichkeiten und Grenzen der curricularen Einbindung hypermedialer Lernsoftware in den Wirtschaftslehreunterricht im Rahmen offener, komplexer Mehrmediensysteme. Bad Heilbrunn 1998. (zugl. Dissertation an der Universität Paderborn, 1998).

❖ Schulmeister, Rolf: Lernplattformen für das virtuelle Lernen. Evaluation und Didaktik. München (u.a.) 2003.

❖ Schweer Martin, K. W.; Lukaszewski, Frank: Neue Medien in der Grundschule. Erste empirische Befunde zum Nutzungsverhalten von Grundschülern. In: Lernwelten. Projekte-Medien-Schule. 2002. Heft 4.

❖ Schwetz, Herbert (Hg.): Konstruktives Lernen mit neuen Medien. Beiträge zu einer konstruktivistischen Mediendidaktik. Reflexionen zur Internationalen Veranstaltung "Neues Lernen für die Informationsgesellschaft" (9. - 11.10.2000) an der Pädagogischen Akademie des Bundes in Graz. Innsbruck u.a. 2001.

❖ Spanhel, Dieter: Integrative Medienerziehung in der Hauptschule. Ein Entwicklungsprojekt auf der Grundlage responsiver Evaluation. München 1999.

❖ Swertz, Christian: Computer und Bildung. Eine medienanalytische Untersuchung der Computertechnologie in bildungstheoretischer Perspektive. Bielefeld 2000. (zugl. Dissertation an der Universität Bielefeld).

❖ Tenberg, Ralf: Multimedia und Telekommunikation im beruflichen Unterricht. Theoretische Analyse und empirische Untersuchungen im gewerblich-technischen Berufsfeld. Frankfurt am Main u.a. 2001. (=Beiträge zur Arbeits-, Berufs- und Wirtschaftspädagogik, 21).

❖ Videokassette von der Landeszentrale für Politische Bildung Düsseldorf (Hg.): Schulen – ab ins Netz! Düsseldorf 1999. (Realisation durch Widmer, Kurt).

❖ Vogelsang, Gregor/Beck, Klaus/Glotz, Peter: Die Zukunft des Internet. Internationale Delphi-Befragung zur Entwicklung der Online-Kommunikation. Konstanz 2000.

❖ Weidauer, Christian: Multimediale Lehr- und Lernsysteme. Effiziente Aufgaben- und Animationserstellung. Heidelberg u.a. 2002. (zugl.: Dissertation an der Universität Bochum, 2002).

❖ Westram, Hiltrud: Internet in der Schule. Ein Medium für alle. Opladen 2000.

❖ Westram, Hiltrud: Schule und das neue Medium Internet- nicht ohne Lehrerinnen und Schülerinnen! Dortmund 1999. (Dissertation an der Universität Dortmund, 1999.)

Gesondert ausgewiesen sind als folgende Linkliste Publikationen, die entweder als Erfahrungsberichte über spezifische Schul- und Jugendprojekte fixierbar sind, oder als Darstellung von und Information über spezifische internetbasierte Schul- und Jugendprojekte. Die Identifizierung vielfältiger Gestaltungsmöglichkeiten von internetbasierter Freizeit und internetbasiertem Unterricht am realisierten Beispiel, verlagert bei geringerer Problemkonzentration stärker auf die positive Perspektive:

❖ Bertelsmann Stiftung/Evangelisch Stiftisches Gymnasium (Hg.): Medienbildung in der Schule. Das Beispiel Evangelisch Stiftisches Gymnasium in Gütersloh. Gütersloh 2001.

❖ Felgner, Carsten: Multimedia Wettbewerb des WHB für Kinder und Jugendliche. In: Heimatpflege in Westfalen. 14 (2001). Heft 6. S. 18 bis S. 21.

❖ Gesellschaft für Medienpädagogik und Kommunikationskultur (Hg.): Stadt – Land – Datenfluss. Aspekte kreativer Jugendmedienarbeit. Bielefeld 2001.

❖ Gesellschaft für Medienpädagogik und Kommunikationskultur (Hg.): Schwerpunkt: Medienpädagogische Projekte. Bielefeld 1996. (=GMK-Rundbrief, 39/40).

❖ Gutheil, Georg/Mügge, Norbert: Schreiben multimedialer Texte. Erfahrungsbericht über den Einsatz eines Hypertextsystems im Rahmen einer Projektwoche. Bönen 1996. (hg. Vom Landesinstitut für Schule und Weiterbildung Westfalen).

❖ Heer, Maria: Wie Dominik das Lernen neu erfand. e-nitiative.nrw und die Rheinischen Schulen auf dem Weg zu Multimedia und Telekommunikation. In: Neues Rheinland. 45 (2002). Heft 4. S. 6 bis S. 7.

❖ Hessische Landesanstalt für Privaten Rundfunk/ Institut für Medienpädagogik und Kommunikation (Hg.): Medienpädagogischer Atlas Hessen. Verzeichnis medienpädagogischer Aktivitäten und Projekte in Hessen. Mit CD-Rom. München 1998. (=Schriftenreihe der LPR Hessen, 4).

❖ Kozicki, Norbert: „Computerbude" Bochum mit Mailbox-Projekt als Lernfeld für Kinder und Jugendliche. In: Mitteilungen des Landesjugendamtes. 126 (1996). S. 53 bis S. 55.

❖ Meister, Dorothee M. (Hg.): Schulen im Netz in Sachsen-Anhalt. Forschungsergebnisse zum Interneteinsatz an Schulen in Sachsen-Anhalt. Halle 1999. (=Diskurse zu Schule und Bildung, 15).

❖ Moser, Sonja: Brieftauben im Internet. Kinder- und Jugendprojekte rund ums Internet. München 1999.

❖ Moser, Sonja: Im Netz werken. Kinder- und Jugendprojekte rund ums Internet. München 2001.

❖ Thiele, Angela: Mathe-plus.de – Vom Schulbuch auf die Datenautobahn und zurück. In: Lernwelten. Projekte-Medien-Schule. 2002. Heft 4.

❖ Thomsen, Maja: Webmobile für NRW. Kreative Jugendmedienarbeit auf dem Lande. In: PÄD-Forum. Heft 6. 2001. S. 429 bis S. 432.

❖ Thustek, Ben: Lehrer und Schüler als Forscher oder: Wie man Lokalgeschichte ins Internet bringt. Ein Erfahrungsbericht. In: Lenhard, Hartmut (Hg.): Teach:line. Medienpädagogische Ausbildung in Studienseminaren. Gütersloh 2000. S. 148 bis S. 155.

❖ Zillner, Martina: Unterrichtsprojekt Medienkritik. Schüler beurteilen Lernprogramme. In: Lernwelten. Projekte-Medien-Schule. 2002. Heft 4.

Publikationen mit tendenziell stärker kontroversem und medienethischem Charakter sind im nächsten Kasten integriert.

❖ Baumgartner, Gerhard: Internet und Schule? Schriften der Johannes-Kepler-Universität Linz. Linz 1998. (=Reihe B. Wirtschafts- und Sozialwissenschaften, 28).

❖ Beck, Christian/Sofos, Alivisios (Hg.) Neue Medien in der pädagogischen Kontroverse. Mainz 2001.

❖ Bergmann, Wolfgang: Abschied vom Gewissen. Die Seele in der digitalen Welt. Asendorf 2000.

❖ Detering, Dietmar: Ökonomie der Medieninhalte. Allokative Effizienz und soziale Chancengleichheit in den neuen Medien. Münster 2001. (=Telekommunikation und Multimedia, 6). (teilw. zugl. Dissertation an der Universität Münster, 1999).

❖ Gerken, Gerd: Multimedia. Das Ende der Information. Wie Multimedia die Welt des Managements verändert. Exformation statt Information. Düsseldorf 1996.

❖ Gesellschaft für Medienpädagogik und Kommunikationskultur (Hg.): Denkräume. Szenarien zum Informationszeitalter. Rückblick, Ausblick, Realisation. Bielefeld 2000. (=Themen, 43).

❖ Gesellschaft für Medienpädagogik und Kommunikationskultur (Hg.): Mediengesellschaft - neue 'Klassengesellschaft'? Medienpädagogik und sozio-kulturelle Unterschiede. Bielefeld 1999. (=Themen, 42).

❖ Glogauer, Werner: Die neuen Medien machen uns krank. Gesundheitliche Schäden durch die Medien-Nutzung bei Kindern, Jugendlichen und Erwachsenen. Weinheim u.a. 1999.

❖ Glogauer, Werner: Die neuen Medien verändern die Kindheit. Nutzung und Auswirkungen des Fernsehens, der Videofilme, Computerspiele und Videospiele, der Werbung und Musikvideoclip. 4., aktualisierte und erweiterte Auflage. Weinheim 1998.

❖ Groebel, Jo/Konert, Bertram: Fernsehen und Internet: Neue Risiken, neue Regulierungsfragen. Projektbericht des Europäischen Medieninstituts im Auftrag der Landesanstalt für Rundfunk Nordrhein-Westfalen und der Bayerischen Landeszentrale für Neue Medien. Düsseldorf 2002.

❖ Hamann, Bruno: Ethische Verantwortung im Medienbereich der modernen Erlebnisgesellschaft. Köln 2001. (=Pädagogik und freie Schule, 57).

❖ Hedtke, Reinhold: Aufbruch ins Paradies des Lernens? Multimedia und Internet zwischen Bildung und Kommerz. In: ÖZB-Österreichische Zeitschrift für Berufsbildung. 18 (1999/2000). Heft 3. S. 3 bis S. 5.

❖ Hedtke, Reinhold: Politikdidaktik zwischen Netzeuphorie und Medienkritik. Nüchterne Anmerkungen zum Mythos Multimedia im Internet. In: Gegenwartskunde. 46 (1997). Heft 4. S. 519 bis S. 530.

❖ Hentig, Hartmut von: Der technischen Zivilisation gewachsen bleiben. Nachdenken über die neuen Medien und das gar nicht mehr allmähliche Verschwinden der Wirklichkeit. Weinheim u. a. 2002. (=Beltz-Taschenbuch, 115).

❖ Höhns, Marina (Hg.): Chancen und Risiken der Mediengesellschaft. Ein Lese- und Arbeitsbuch. München 2000.

❖ Koziol, Klaus: Die Tyrannei der mediengerechten Lösung. Zur Weltaneignung durch Massenmedien. München 2000.

❖ Koziol, Klaus: Leben unter Vorbehalt? Mensch, Gesellschaft und Netzkommunikation. München 2001. (= Kopaed medienkritische Schriften, 2).

❖ Merz, Hans-Peter (Hg.): Macht des Computers - Ohnmacht der Pädagogik? Chancen und Gefahren virtueller Welten. (Referate der Fachtagung vom 8./9. November 2001 mit dem Titel: Virtuelle Medien - Mythen, Gefahren und Chancen als Veranstaltung der Höheren Fachschule für Sozialpädagogik). Luzern 2002.

❖ Neuendorff, Hartmut/Peter, Gerd/Klatt, Rüdiger: Verändern neue Medien die Wirklichkeit? Münster 1999.

❖ Petzold, Matthias: Die Multimedia-Familie. Mediennutzung, Computerspiele, Telearbeit, Persönlichkeitsprobleme und Kindermitwirkung in Medien. Opladen 2000.

❖ Schönweiss, Friedrich: Bildung in Zeiten des Internet. Über aktuelle Mythen, Hoffnungen und Perspektiven. Münster 2000.

❖ Schorb, Bernd/Theunert Helga (Hg.): Ran an den Computer? Zwischen Euphorie und Distanz. Die IuK-Techniken in der Jugendarbeit. Leverkusen 1989. (=Schriftenreihe des Instituts Jugend, Film, Fernsehen in München, 11).

❖ Schweer, Martin K. W. (Hg.): Der Einfluss der Medien. Vertrauen und soziale Verantwortung. Opladen 2001.

❖ Stoll, Clifford: High-tech heretic. Warum Computer nichts im Klassenzimmer zu suchen haben und andere High-Tech-Ketzereien. 2. Auflage. Frankfurt am Main 2001.

Die nun folgenden Literaturlisten weichen in ihrem Kategorisierungsschema von der Differenzierung nach ihrer Ausrichtung auf Dimensionen von Medienkompetenz ab. Kategorisiert wird im folgenden nach den in den Titeln enthaltenen Begriffen „Mediendidaktik", „Medienerziehung", „Medienpädagogik", „Medienkompetenz" und „Multimedia". In diese Kategorien integriert sind neben noch nicht aufgeführten Publikationen bei begrifflicher Passung im Titel auch die bereits in das Dimensionenschema eingegliederten Publikationen.

Aus Gründen kategorisierter Vollständigkeit tauchen also Doppelungen in dieser Bibliographie auf.

📖 Stichwort „Mediendidaktik" im Titel:

❖ Lange, Günter: Taschenbuch des Deutschunterrichts. Band 1. Grundlagen - Sprachdidaktik - Mediendidaktik 7., unveränderte Auflage. Jubiläumsausgabe. Baltmannsweiler 2001.

❖ Maier, Wolfgang: Grundkurs Medienpädagogik und Mediendidaktik. Ein Studienbuch und Arbeitsbuch. Weinheim u.a. 1998.

❖ Martial, Ingebert von/Ladenthin, Volker: Medien im Unterricht. Grundlagen und Praxis der Mediendidaktik. Baltmannsweiler 2002.

❖ Reiter, Anton: Konstruktives Lernen mit neuen Medien. Beiträge zu einer konstruktivistischen Mediendidaktik Mit DVD-Video. Innsbruck 2001.

❖ Schwetz, Herbert (Hg.): Konstruktives Lernen mit neuen Medien. Beiträge zu einer konstruktivistischen Mediendidaktik. Reflexionen zur Internationalen Veranstaltung "Neues Lernen für die Informationsgesellschaft" (9. - 11.10.2000) an der Pädagogischen Akademie des Bundes in Graz. Innsbruck u.a. 2001.

📖 Stichwort „Medienerziehung" im Titel:

❖ Bergmann, Wolfgang: Erziehen im Informationszeitalter. München 2003.

❖ Böcher, Helmut/Koch, Roland: Medienerziehung. Theorie und Praxis. Nach den Richtlinien von NRW. (Lernmaterialien) . Köln 1998.

❖ Böhmer, Peter/Grotheer, Horst/Meyer, Peter: Bericht über den Modellversuch Medienerziehung in der gymnasialen Oberstufe. Bremen 2000.

❖ Brinkmöller-Becker, Heinrich (Hg.): Die Fundgrube für Medienerziehung in der Sekundarstufe I und II. (Lernmaterialien). Berlin 1997.

❖ Bund-Länder-Kommission für Bildungsplanung und Forschungsförderung (Hg.): Medienpädagogik / Medienerziehung in der Schule. Basisbausteine. Donauwörth 1995. (=Medienzeit, Materialien zur Bildungsplanung und zur Forschungsförderung, 44).

❖ Denning, Thomas: Medien erleben und gestalten. Medienerziehung für sozialpädagogische Berufe. Berlin 1999.

❖ Dichanz, Horst: Medienerziehung im Jahre 2010. Probleme, Perspektiven, Szenarien. Gütersloh 1997.

❖ Koch, Roland/Böcher, Hartmut: Medienerziehung - Theorie und Praxis. Köln 1998.

❖ Medienpädagogischer Forschungsverbund Südwest (Hg.): Elternarbeit zum Thema Medienerziehung. Basisbaustein. Grundschule und Sekundarstufe I. Donauwörth 2000.

❖ Sacher, Werner: Audiovisuelle Medien und Medienerziehung in der Schule. München 1994.

❖ Spanhel, Dieter: Integrative Medienerziehung in der Hauptschule. Ein Entwicklungsprojekt auf der Grundlage responsiver Evaluation. München 1999.

❖ Switalla, Bernd (Hg.): Medienwissenschaft und Medienerziehung. Bielefeld 1997. (=Mitteilungen des Deutschen Germanistenverbandes, 44,1).

❖ Tudodziecki, Gerhard/Six, Ulrike: Medienerziehung in der Grundschule. Grundlagen, empirische Befunde und Empfehlungen zur Situation in Schule und Lehrerbildung. Opladen 2000.

❖ Wermke, Jutta: Hören und Sehen. Beiträge zu Medien- und Ästhetischer Erziehung. München 2002.

❖ Wermke, Jutta: Integrierte Medienerziehung im Fachunterricht. Schwerpunkt: Deutsch. München 1997.

📖 Stichwort „Medienpädagogik" im Titel:

❖ Aufenanger, Stefan: Jahrbuch Medienpädagogik. Band 1. Opladen 2001.

❖ Baacke, Dieter: Medienpädagogik. Tübingen 1997.

❖ Bachmair, Ben: Jahrbuch Medienpädagogik. Band 2. Opladen 2001. Bayerische Landeszentrale für neue Medien (Hg.): Orientierungshilfe Medienpädagogik. München 1998.

❖ Barsch, Achim/Erlinger, Hans Dieter: Medienpädagogik. Eine Einführung. Stuttgart 2002.

❖ Bund-Länder-Kommission für Bildungsplanung und Forschungsförderung (Hg.): Medienpädagogik / Medienerziehung in der Schule. Basisbausteine. Donauwörth 1995. (=Medienzeit, Materialien zur Bildungsplanung und zur Forschungsförderung, 44).

❖ Gesellschaft für Medienpädagogik und Kommunikationskultur (Hg.): Mediengesellschaft – neue ,Klassengesellschaft'? Medienpädagogik und sozio-kulturelle Unterschiede. Bielefeld 1999. (=Themen, 42).

❖ Hedrich, Andreas/Anfang, Günther (Hg.): Hauptsache Interaktiv. Ein Fall für die Medienpädagogik. Dokumentation der Veranstaltung Interaktiv `96 in München. München 1997. (=Reihe Medienpädagogik, 9).

❖ Hoffmann, Bernward: Klick dich ein. Spiele und Ideen zur Medienpädagogik für 6 bis 14-Jährige. Mainz 2000. (=Edition Psychologie und Pädagogik).

❖ Hug, Theo (Hg.): Medienpädagogik in der Globalisierung. Frankfurt am Main u.a. 2001. (=Siegener Periodicum zur internationalen empirischen Literaturwissenschaft, 19,2).

❖ Hug, Theo: Technologiekritik und Medienpädagogik. Zur Theorie und Praxis kritisch-reflexiver Medienkommunikation. Baltmannsweiler 1998.

❖ Hugger, Kai-Uwe: Medienpädagogik als Profession. Perspektiven für ein neues Selbstverständnis. München 2001. (zugl. Dissertation).

❖ Hüther, Jürgen: Grundbegriffe Medienpädagogik. München 1997.

❖ Kleber, Hubert (Hg.): Spannungsfeld Medien und Erziehung. Medienpädagogische Perspektiven. München 2000.

❖ Köhler/Helbig/Lümkemann: Medienpädagogik. Grundlagen und Projekte für Ausbildung und Beruf. Neusäß 2001.

❖ Langer, Christian: Medien und Pädagogik. Zur Legitimation von Medienpädagogik auf prinzipienwissenschaftlicher Grundlage. Frankfurt am Main u. a. 2002.

❖ Maier, Wolfgang: Grundkurs Medienpädagogik und Mediendidaktik. Ein Studienbuch und Arbeitsbuch. Weinheim u.a. 1998.

❖ Moser, Hein: Einführung in die Medienpädagogik. 3., überarbeitete und aktualisierte Auflage. Opladen 2000.

❖ Niesyto, Horst: Medienpädagogik und soziokulturelle Unterschiede. Studie der Pädagogischen Hochschule Ludwigsburg im Auftrag des Medienpädagogischen Forschungsverbundes Südwest. Ludwigsburg 2000.

❖ Paus-Haase, Ingrid: Medienpädagogik in der Kommunikationswissenschaft. Positionen, Perspektiven, Potentiale. Wiesebaden 2002.

❖ Schäfer, Dina/Hille, Astrid: Medienpädagogik. Ein Arbeitsbuch für sozialpädagogische Berufe. Freiburg 2000.

❖ Schweer, Martin K W. (Hg.): Aktuelle Aspekte medienpädagogischer Forschung. Interdisziplinäre Beiträge aus Forschung und Praxis. Wiesbaden 2001.

❖ Tulodziecki, Gerhard, Herzig, Bardo: Computer & Internet im Unterricht. Medienpädagogische Grundlagen und Beispiele. Berlin 2002.

❖ Vollbrecht, Ralf: Einführung in die Medienpädagogik. Weinheim u.a. 2001. (=Beltz Studium: Kultur und Gesellschaft).

❖ Wachtel, Karl (Hg.): Medienpädagogischer Atlas Nordrhein-Westfalen. Mit CD-Rom. Opladen 1997. (=Schriftenreihe Medienforschung der Landesanstalt für Rundfunk Nordrhein-Westfalen, 24).

❖ Wöckel, Stephan: Internet in der Grundschule. Medienpädagogik und didaktische Grundlagen. Stuttgart 2000.

📖   Stichwort „Medienkompetenz" im Titel:

❖ Appelhoff, Mechthild: Medienkompetenz für alle Lebensalter. In: Europäisches Zentrum für Medienkompetenz (Hg.): Ältere Menschen, neue Medien - Anschluss an die Zukunft? Marl 2000. S. 17 bis S. 24.

❖ Autor/Hg.?: Neue Medien. Medienkompetenz erlangen – aber wie? Erfahrungen, Checklisten, Recht. Mit CD-Rom. Pädagogischer Zeitschriftenverlag. Berlin 1999. (=PZV-Ratgeber).

❖ Bickelmann, Karin/Sosalla, Werner: Medienkompetenz. Voraussetzungen, Förderung, Handlungsschritte. Berlin 2002. (= Schriften der Landesmedienanstalt Saarland, 9).

❖ Burkhardt, Wolfgang: Förderung kindlicher Medienkompetenz durch die Eltern. Grundlagen, Konzepte und Zukunftsmodelle. Opladen 2001. (=Schriftenreihe Medienforschung der Landesanstalt für Rundfunk Nordrhein-Westfalen, 40).

❖ CD-Rom von der Bundeszentrale für Politische Bildung: ISM 2001. Datenbanken zum Thema Medienkompetenz, Medienforschung, Medienpolitik, Medienpolitik, Kinder- u. Jugendfernsehen, Jugendmedienschutz, Bildungsmedien, Literatur, Projekte, Medien, Forschung und Praxis. Bonn 2001.

❖ Dichanz, Horst: Medienkompetenz zwischen Schule und Öffentlichkeit. Politische, publizistische und pädagogische Überlegungen zur Medienkompetenz. Berlin 2000. (=Schriftenreihe der MSA, 3).

❖ Erlinger, Hans Dieter/Marci-Boehncke, Gudrun (Hg.): Deutschdidaktik und Medienerziehung. Kulturtechnik Medienkompetenz in Unterricht und Studium. München 1999.

❖ Erlinger, Hans-Dieter: Neue Medien. Edutainment, Medienkompetenz. Deutschunterricht im Wandel. München 1997.

❖ Felsmann, Klaus-Dieter (Hg.): Medienkompetenz zwischen Bildung, Markt und Technik. München 2002.

❖ Flitzer, Theo: Medienkompetenz für Lernschwächere. Stuttgart 2002.

❖ Gapski, Harald: Medienkompetenz. Eine Bestandsaufnahme und Vorüberlegung zu einem systemtheoretischen Rahmenkonzept. Wiesbaden 2001.

❖ Gesellschaft für Medienpädagogik und Kommunikationskultur in der Bundesrepublik Deutschland (Hg.): Medienkompetenz Version 2002. Navigationshilfen für Kinder, Jugendliche und Erziehende. Bielefeld 2001. (=Schriften zur Medienpädagogik, 32).

❖ Groeben, Norbert (Hg.): Medienkompetenz. Voraussetzungen, Dimensionen, Funktionen. Weinheim u.a. 2002.

❖ Hamm, Ingrid (Hg.): Zweite Konferenz der Bertelsmann-Stiftung zur Medienkompetenz als Herausforderung an Schule und Bildung 1993 in Queenstown/Maryland, USA. Die pädagogische Herausforderung der Medienzukunft Multimedia - abundance for what purpose? Gütersloh 1994.

❖ Hamm, Ingrid (Hg.): Medienkompetenz. Wirtschaft - Wissen – Wandel. Gütersloh 2001.

❖ Hedtke, Reinhold (Hg.): Vom Buch zum Internet und zurück. Medien- und Informationskompetenz im Unterricht. Darmstadt 1997.

❖ Kahmann, Uli (Hg.): Medienkompetenz in Theorie und Praxis. Bielefeld 2001.

❖ Kobbeloer, Michael: Internetnutzung von Erzieherinnen. Darstellung aus Auswertung einer Studie zur Medienkompetenz. Berlin 2002.

❖ Koziol, Klaus (Hg.): Medienkompetenz – Kritik einer populären Universalkonzeption. München 2002. (=Forum Medienethik 2002, 1).

❖ Navarra, Christine: Wie interaktiv ist das Internet? Nutzungsmöglichkeiten und erforderliche Medienkompetenz. Stuttgart 2000.

❖ Osthus-Schröder, Ulrike (Hg.): Medienkompetenz als Herausforderung an Schule und Bildung. Ein deutsch-amerikanischer Dialog. Kompendium zu einer Konferenz der Bertelsmann-Stiftung vom 18. bis 20. März 1992 in Gütersloh. Gütersloh 1992.

❖ Pohlschmidt, Monika (Hg.): Grundbaukasten Medienkompetenz. Veränderte Auflage. Marl 2002.

❖ Pohlschmidt, Monika (Hg.): Vermittlung von Medienkompetenz durch öffentliche Bibliotheken. Marl 2001.

❖ Pöttinger, Ida: Lernziel Medienkompetenz. Theoretische Grundlagen und praktische Evaluation anhand eines Hörspielprojekts. 2. Auflage. München 2002.

❖ Rein, Antje von: Medienkompetenz als Schlüsselbegriff. Bad Heilbrunn 1996.

❖ Schaar, Erwin: Von der 'Filmerziehung' zur 'Medienkompetenz' . München 1999.

❖ Schell, Fred (Hg.): Medienkompetenz. Grundlagen und pädagogisches Handeln. München 1999. (=Reihe Medienpädagogik, 11).

❖ Schimpf, Silke: Medienkompetenz. Neue Medien in Beruf, Hochschule und Gesellschaft. Vorträge im Rahmen der Hochschul-Infotage Medien im Beruf. Köln 2000.

❖ Tast, Hans-Jürgen (Hg.): Jugend-Medien-Treff. Wege zur Medienkompetenz. Schellerten 1998.

❖ Toman, Hans: Computerkinder in der Grundschule. Zur Aneignung individueller Medien- und Internetkompetenz auf der Basis vorhandener Lesekompetenz am Ende des 1. Schuljahres. Baltmannsweiler 2002.

❖ Treumann, Klaus: Medienkompetenz im digitalen Zeitalter. Wie die neuen Medien das Leben und Lernen Erwachsener verändern. Opladen 2002. (=Schriftenreihe Medienforschung der Landesanstalt für Rundfunk Nordrhein-Westfalen, 39).

❖ Zerfaß, Ansgar (Hg.): Medienkompetenz in der Informationsgesellschaft. Perspektiven in Baden-Württemberg. Stuttgart 2000.

📖 Stichwort „Neue Medien" im Titel:

❖ Albrecht, Rainer (Hg.): Lehren und Lernen mit Neuen Medien Plattform, Modelle, Werkzeuge. (=Medien in der Wissenschaft, 12). Münster 2001.

❖ Autor/Hg.?: Neue Medien. Medienkompetenz erlangen – aber wie? Erfahrungen, Checklisten, Recht. Mit CD-Rom. Pädagogischer Zeitschriftenverlag. Berlin 1999. (=PZV-Ratgeber).

❖ Autor/Hg.?: Wörterbuch der neuen Medien. Fachbegriffe verständlich erklärt. Für Schule, Alltag und Beruf. Serges Medien. Köln 2002.

❖ Baacke, Dieter/Schnatmexer, Dorothee (Hg.): Neue Medien-neue Gesellschaft? Bielefeld 1997.

❖ Baacke, Dieter/Treutmann, Klaus Peter/Haacke, Kirsten: Wie die neuen Medien das Leben und Lernen Erwachsener verändern. Opladen 2002.

❖ Beck, Christian/Sofos, Alivisios (Hg.) Neue Medien in der pädagogischen Kontroverse. Mainz 2001.

❖ Behrens, Inge: Neue Berufe in den neuen Medien. Berufsprofile, Aus- und Weiterbildung, Profi-Interviews. Aktualisierte Neuausgabe. München 2001.

❖ Bentlage, Ulrike/Hamm, Ingrid: Lehrerausbildung und neue Medien. Gütersloh 2001.

❖ Bertelsmann Stiftung/Heinz Nixdorf Stiftung (Hg.): Neue Medien in den Schulen. Projekte –- Konzepte –- Kompetenzen. Eine Bestandsaufnahme. Gütersloh 1996.

❖ Blatt, Inge/Rockel, Heiko: Das "Füchslein" im Internet. Der Einzug neuer Medien in die Grundschule. In: Grundschule. 28 (1996). Heft 10. S. 52 bis S. 56.

❖ Borgmann, Elmar-Laurent: Sprachen lernen mit neuen Medien. Frankfurt am Main 1997.

❖ Brepohl, Klaus: Lexikon der neuen Medien. 6. Auflage. Köln 1993.

❖ Buschmeyer, Hermann: Unterstützung selbst gesteuerten Lernens in der Weiterbildung durch neue Medien. Erkundungsstudie. Bönen 2000. (hg. vom Landesinstitut für Schule und Weiterbildung Westfalen).

❖ Durscheid, C. : Alte und neue Medien im DaF-Unterricht. In: Deutsch als Fremdsprache. (38)2001. Heft 1. S. 42 bis S. 46.

❖ Erlinger, Hans-Dieter: Neue Medien. Edutainment, Medienkompetenz. Deutschunterricht im Wandel. München 1997.

❖ Europäisches Zentrum für Medienkompetenz (Hg.): Ältere Menschen, Neue Medien. Why offline? Marl 2000.

❖ Europäisches Zentrum für Medienkompetenz GmbH (Hg.): Ältere Menschen, neue Medien - Anschluss an die Zukunft? Marl 2000.

❖ Ewers, Hans-Heino: Lesen zwischen Neuen Medien und Pop-Kultur. Kinder- und Jugendliteratur im Zeitalter multimedialen Entertainments. Weinheim 2002.

❖ Glogauer, Werner: Die neuen Medien machen uns krank. Gesundheitliche Schäden durch die Medien-Nutzung bei Kindern, Jugendlichen und Erwachsenen. Weinheim u.a. 1999.

❖ Glogauer, Werner: Die neuen Medien verändern die Kindheit. Nutzung und Auswirkungen des Fernsehens, der Videofilme, Computerspiele und Videospiele, der Werbung und Musikvideoclip. 4., aktualisierte und erweiterte Auflage. Weinheim 1998.

❖ Gutheil, Georg/Mügge, Norbert: Lernort Neue Medien. Baltmannsweiler 2000.

❖ Hagemann, Wilhelm/Herzig, Bardo/Tulodziecki, Gerhart von/Leufen, Stefan/Mütze, Christa: Neue Medien in den Schulen. Gütersloh 1996.

❖ Heine, Christoph/Duerr, Franz: Computer und neue Medien in der Schule. Erfahrungen mit EDV-gestützten Lernprogrammen und Erwerb von Computerkenntnissen während der Schulzeit. Befunde aus der Befragung der studienberechtigten Schulabgänger 1999. Hannover 2001. (=Kurzinformation / HIS, Hochschul-Informations-System GmbH : A ; 2001, 5).

❖ Institut für Schulentwicklung der PH Schwäbisch Gmünd (Hg.): Neue Medien in Schule und Freizeit. Texte, Analysen und Materialien zum fächerverbindenden Thema "Medien und Freizeit". Baltmannsweiler 2003.

❖ Kastel, Conni/Reincke, Ute: Neue Medien im Anfangsunterricht. In: Grundschulunterricht. 2002. Heft 3.

❖ Kleinschmidt-Bräutigam, Mascha: Neue Medien - neues Lernen? Oder: Wie können neue Medien zur Schulentwicklung beitragen? In: Grundschulunterricht. 2002. Heft 2.

❖ Krueger-Brand, H.E.: Kongress "Schule und Neue Medien". Lernen mit dem Internet. Beispiel Umweltpädagogik. In: Deutsches Ärzteblatt. (95) 1998. Heft 50. S. 2254 ff.

❖ Landesinstitut für Erziehung und Unterricht Stuttgart (Hg.): Englischunterricht vernetzt und multimedial 2001. Englisch lernen mit den neuen Medien. Stuttgart 2001. (=Materialien /Englisch, SW 18).

❖ Langen Claudia (Hg.): Schulinnovation durch neue Medien. Entwürfe und Ergebnisse in der Diskussion. Gütersloh 1999.

❖ Ministerium für Kultur, Jugend und Sport Baden-Württemberg (Hg.): Identität und Selbstdarstellung in neuen Medien. Hauptschule – Gymnasium – 8./9. Klasse. Praxisbaustein. Ich bin Ich – Darstellung der Persönlichkeit im Internet/Gestaltung einer multimedialen Bewerbung. Donauwörth 2000.

❖ Monaco, James: Film und Neue Medien. Lexikon der Fachbegriffe. 3500 Einträge. Reinbek bei Hamburg 2000.

❖ Neuß, Norbert/Michaelis, Carola: Neue Medien im Kindergarten. Spielen und lernen mit dem Computer. Offenbach 2002.

❖ Niegemann, Helmut: Neue Lernmedien. Konzipieren, entwickeln, einsetzen. Göttingen 2001.

❖ Reimann, Peter/Zumbach, Jörg: Lernen mit neuen Medien. Instruktionspsychologische Grundlagen. Stuttgart 2002.

❖ Reiter, Anton: Konstruktives Lernen mit neuen Medien. Beiträge zu einer konstruktivistischen Mediendidaktik. Mit DVD-Video. Innsbruck 2001.

❖ Richter, Karin/Riemann, Sabine (Hg.): Kinder - Literatur - `neue` Medien. Baltmannsweiler 2000.

❖ Schimpf, Silke: Medienkompetenz. Neue Medien in Beruf, Hochschule und Gesellschaft. Vorträge im Rahmen der Hochschul-Infotage Medien im Beruf. Köln 2000.

❖ Schmitz, Ulrich/Elin-Birgit, Berndt (Hg.): Neue Medien im Deutschunterricht. Oldenburg 1997. (=OBST – Osnabrücker Beiträge zur Sprachtheorie, 55).

❖ Schmitz, Ulrich: Wissen und neue Medien. Bilder und Zeichen von 800 bis 2000. Berlin 2003.

❖ Schweer Martin, K. W./Lukaszewski, Frank: Neue Medien in der Grundschule. Erste empirische Befunde zum Nutzungsverhalten von Grundschülern. In: Lernwelten. Projekte-Medien-Schule. 2002. Heft 4.

❖ Schwetz, Herbert (Hg.): Konstruktives Lernen mit neuen Medien. Beiträge zu einer konstruktivistischen Mediendidaktik. Reflexionen zur Internationalen Veranstaltung "Neues Lernen für die Informationsgesellschaft" (9. - 11.10.2000) an der Pädagogischen Akademie des Bundes in Graz. Innsbruck u.a. 2001.

❖ Tulodziecki, Gerhard/Blömeke, Sigrid (Hg.): Neue Medien. Neue Aufgaben für die Lehrerausbildung. Tagungsdokumentation. 2. Auflage. Gütersloh 2000.

❖ Wagner, Anna: Lernen mit neuen Medien. Ein Beitrag zur Flexibilisierung der Weiterbildung in Unternehmen. München u.a. 2001. (zugl. Dissertation an der Universität Düsseldorf, 2000).

47

📖 Stichwort „Mulitmedia" im Titel.

❖ 5 CD-Roms von der More-Software-Mediengesellschaft: Das Multimedia-Lexikon. Universal Premium. Königswinter 2000.

❖ Anfang, Günther: Erlebniswelt Multimedia. Computerprojekte mit Kindern und Jugendlichen. Mit CD-Rom. München 2001.

❖ Blume, Dieter (Hg.): Handlungsorientiert lernen mit Multimedia. Lernarrangements planen, entwickeln und einsetzen. Nürnberg 1996.

❖ Brauner, Detlef J./Raible-Besten, Robert/Weigert, Martin M.: Multimedia-Lexikon. Mehr als 5700 Stichworte. Oldenbourg 1998.

❖ Bruns, Beate/Gajewski, Petra: Multimediales Lernen im Netz. Leitfaden für Entscheider und Planer. Berlin u.a. 2. Auflage 2000.

❖ CD-Rom vom Meropolitan Verlag: Annual Multimedia Jahrbuch 2003. Online CD-ROM. Terminals, Events, Games. Düsseldorf 2002.

❖ Felgner, Carsten: Multimedia Wettbewerb des WHB für Kinder und Jugendliche. In: Heimatpflege in Westfalen. 14 (2001). Heft 6. S. 18 bis S. 21.

❖ Gerken, Gerd: Multimedia. Das Ende der Information. Wie Multimedia die Welt des Managements verändert. Exformation statt Information. Düsseldorf 1996.

❖ Gimmler, Roland: Kognitive und motivationale Dimensionen der Multimedianutzung. Eine explorative Analyse basierend auf individuellen Entscheidungen zur Nutzung von Anwendungen auf multimediafähigen Computern. Berlin 2002. (zugl. Dissertation an der Universität Koblenz/Landau, 2000).

❖ Götting, Horst-Peter: Multimedia, Internet und Urheberrecht. 2. Auflage. München 2000.

❖ Grob, Heinz L./ Breger, Wolfram (Hg.): Präsentieren mit und ohne Multimedia. Münster 1999.

❖ Haaren, Kurt van: Arbeit im Multimedia-Zeitalter. Die Trends der Informationsgesellschaft. Hamburg 1997.

❖ Hamm, Ingrid (Hg.): Zweite Konferenz der Bertelsmann-Stiftung zur Medienkompetenz als Herausforderung an Schule und Bildung 1993 in Queenstown, Maryland, USA. Die pädagogische Herausforderung der Medienzukunft Multimedia - abundance for what purpose? Gütersloh 1994.

❖ Hannafin, Michael J. (Hg.): Computer, Internet, Multimedia - Potentiale für Schule und Unterricht. Ergebnisse einer Schul-Evaluation. 7. Auflage. Gütersloh 2001.

❖ Hebel, Franz (Hg.): Fachsprachen und Multimedia. Frankfurt am Main u.a. 2002. (=Angewandte Sprachwissenschaft, 9).

❖ Heer, Maria: Wie Dominik das Lernen neu erfand. e-nitiative.nrw und die Rheinischen Schulen auf dem Weg zu Multimedia und Telekommunikation. In: Neues Rheinland. 45 (2002). Heft 4. S. 6 bis S. 7.

❖ Holzinger, Andreas: Basiswissen Multimedia. Band 2. Lernen. Würzburg 2001.

❖ Holzinger, Andreas: Basiswissen Multimedia. Band 3. Design. Entwicklungstechnische Grundlagen multimedialer Informationssysteme. Würzburg 2001.

❖ Issing, Ludwig J.: Information und Lernen mit Multimedia. Lehrbuch für Studium und Praxis. 3., überarbeitete Auflage. Weinheim 2002.

❖ Klußmann, Niels: Lexikon der Kommunikations- und Informationstechnik. Telekommunikation, Internet, Mobilfunk, Multimedia, Computer, E-Business. 3., neu bearbeitete und stark erweiterte Auflage. Heidelberg 2001.

❖ Koziol, Klaus (Hg.): Wissen, Spielen, Unterhalten. Einblicke in multimediale Welten. München 2000. (Forum Medienethik 2000,1).

❖ Koziol, Klaus (Hg.): Netzwelten - Menschenwelten – Lebenswelten. Kommunikationskultur in Zeiten von Multimedia. München 2000. (Forum Medienethik 2000, 2).

- Kraemer, Rudolf-Dieter (Hg.): Multimedia als Gegenstand musikpädagogischer Forschung. Essen 2002. (Musikpädagogische Forschung, 23).
- Kranz, Dieter (Hg.): Multimedia - Internet – Lernsoftware. Fremdsprachenunterricht vor neuen Herausforderungen? Münster 1997. (=Edition Volkshochschule, 4).
- Kursawe, Peter/Beißner, Karl-Heinz: Multimedia in der betriebswirtschaftlichen Weiterbildung. Heidelberg 2000.
- Landesinstitut für Erziehung und Unterricht Stuttgart (Hg.): Englischunterricht vernetzt und multimedial 2001. Englisch lernen mit den neuen Medien. Stuttgart 2001. (=Materialien /Englisch, SW 18).
- Lehner, Franz: Einführung in Multimedia. Grundlagen, Technologien und Anwendungsbeispiele. Lehrbuch . Wiesbaden 2001
- Meister, Dorothee M.: Multimedia. Chancen für die Schule. Neuwied u.a. 1999.
- Merx, O.: Qualitätssicherung bei Multimedia-Projekten. Heidelberg 1999.
- Merx, Oliver (Hg.): Multimedia-Recht für die Praxis. Berlin u.a. 2002.
- Merx, Oliver (Hg.): Qualitätssicherung bei Multimedia-Projekten. Mit fünf Tabellen. Berlin u.a. 1999.
- Meschenmoser, Helmut. Lernen mit Multimedia und Internet. 2002. Baltmannsweiler 2002. (=Basiswissen Pädagogik, 5).
- Meyer-Albrecht, Hans: Multimedia in der Schule. Urheberrecht und andere Rechtsfragen bei der Anwendung neuer Technologien. Neuwied u.a. 2001. (=Praxishilfe Schule).
- Ministerium für Kultur, Jugend und Sport Baden-Württemberg (Hg.): Identität und Selbstdarstellung in neuen Medien. Hauptschule – Gymnasium – 8./9. Klasse. Praxisbaustein. Ich bin Ich – Darstellung der Persönlichkeit im Internet/Gestaltung einer multimedialen Bewerbung. Donauwörth 2000.
- Ministerium für Kultur, Jugend und Sport Baden-Württemberg (Hg.): Zeitreise. Auf der Suche nach der Medienwelt von gestern und heute. Für Realschulen. Klasse 9 und 10. Praxisbaustein. (Hypertext. Gedichte multimedial interpretiert/Bilder, die Lügen. Bilder machen Geschichte und Politik/ Die Peepbox oder Spiegelbilder/Virtueller Raum und Internet/Mozart im 21. Jahrhundert.) Donauwörth 2000.
- Multimedia Kreativzentrum Hessen (Hg.): Multimedia Guide Aus- und Weiterbildung Hessen 2001/2002. 2. Auflage. Frankfurt 2001.
- Niehoff, Marion: Fremdsprachenlernen mit Multimedia. Anforderungen aus Sicht der NutzerInnen. Eine qualitative Untersuchung zum selbstorganisierten Lernen. Frankfurt am Main u.a. 2002. (=Werkstattreihe Deutsch als Fremdsprache, 74). (zugl. Dissertation an der Europa-Universität. Frankfurt an der Oder, 2002).
- Overmann, Manfred: Multimediale Fremdsprachendidaktik. Les sites internet à exploiter en classe et des cours prêts à l'emploi. Theorie und Praxis einer multimedialen, prozeduralen Didaktik im Kontext eines aufgaben- und handlungsorientierten Fremdsprachenunterrichts. Frankfurt am Main u.a. 2002. (Internet communication, 4).
- Petzold, Matthias: Die Multimedia-Familie. Mediennutzung, Computerspiele, Telearbeit, Persönlichkeitsprobleme und Kindermitwirkung in Medien. Opladen 2000.
- Scheuermann, Friedrich: Studieren und weiterbilden mit Multimedia. Perspektiven der Fernlehre in der wissenschaftlichen Ausbildung und Weiterbildung. Nürnberg 1998.
- Schröder, Rudolf: Multimediales und hypermediales Lernen im Wirtschaftslehreunterricht. Möglichkeiten und Grenzen der curricularen Einbindung hypermedialer Lernsoftware in den Wirtschaftslehreunterricht im Rahmen offener, komplexer Mehrmediensysteme. Bad Heilbrunn 1998. (zugl. Dissertation an der Universität Paderborn, 1998).
- Tenberg, Ralf: Multimedia und Telekommunikation im beruflichen Unterricht. Theoretische Analyse und empirische Untersuchungen im gewerblich-technischen Berufsfeld. Frankfurt am Main u.a. 2001. (=Beiträge zur Arbeits-, Berufs- und Wirtschaftspädagogik, 21).

❖ Thissen, Frank (Hg.): Multimedia-Didaktik. In Wirtschaft, Schule und Hochschule. Berlin 2003.

❖ Vath, Nuria/Hasselhorn, Marcus/Luer, Gerd: Multimedia-Produkte für das Internet. Psychologische Gestaltungsgrundlagen. München 2001.

❖ Wegener, Meyer, Klaus: Multimedia-Datenbanken. Einsatz von Datenbanktechnik in Multimedia-Systemen. 2. überarbeitete Auflage Stuttgart 2002.

❖ Weidauer, Christian: Multimediale Lehr- und Lernsysteme. Effiziente Aufgaben- und Animationserstellung. Heidelberg u.a. 2002. (zugl.: Dissertation an der Universität Bochum, 2002).

Die Bibliographie schließt nun mit einer Liste von lexikalischen Konzeptionen.

Die nun folgende Akkumulation integriert lexikalische CD-Rom –und Buchveröffentlichungen, welche entweder auf Internet und Multimedia begrenzt sind, oder auch Film, Radio, Printmedien und Telekommunikation integrieren.

Dabei sind die Publikationen entweder auf die deutsch- oder mehrsprachig vergleichende Definition der Internetterminologie ausgerichtet oder auf das Who-is-Who in der technischen Entwicklungsgeschichte des Internets:

❖ 5 CD-Roms von der More-Software-Mediengesellschaft: Das Multimedia-Lexikon. Universal Premium. Königswinter 2000.

❖ Autor/Hg.?: Wörterbuch der neuen Medien. Fachbegriffe verständlich erklärt. Für Schule, Alltag und Beruf. Serges Medien. Köln 2002.

❖ Autor/Hg.?: Wörterbuch fürs Internet, Englisch-Deutsch. Ausführliche deutsche Erklärungen zu rund 1.200 Begriffen aus dem Internet. A. Juncker Verlag. München 2002.

❖ Brepohl, Klaus: Lexikon der neuen Medien. 6. Auflage. Köln 1993.

❖ Bruns, Thomas: Russische Internet-Terminologie. Unter vergleichender Berücksichtigung des Französischen und des Deutschen. Mit einem lexikographischen Teil. Frankfurt am Main (u.a.) 2001. (Trierer Abhandlungen zur Slavistik , 2). (zugl. Dissertation an der Universität Trier, 2000).

❖ Dettmar, Rainer: Das illustrierte Internet-ABC. Die 500 wichtigsten Begriffe ausführlich, schnell und einfach erklärt. Düsseldorf 2002.

❖ Herda, Susanne: Langenscheidts Internet Wörterbuch. Englisch-Deutsch. 1200 Stichwörter. Völlig neubearbeitete Auflage. Berlin u.a. 2002.

❖ Jasper, Dirk: Das ECON-Lexikon Telekommunikation und Online. Düsseldorf 1997.

❖ Karadagi, Allan: Gabler Kompakt-Lexikon Internet. Die 1000 wichtigsten Begriffe zu Internet und New Economy. Wiesbaden 2002.

❖ Klußmann, Niels: Lexikon der Kommunikations- und Informationstechnik. Telekommunikation, Internet, Mobilfunk, Multimedia, Computer, E-Business. 3., neu bearbeitete und stark erweiterte Auflage. Heidelberg 2001.

❖ Kühner, Anja/Sturm, Thilo: Das Medien-Lexikon. Fachbegriffe von A - Z aus Print, Radio, TV und Internet. 2. Auflage. Landsberg am Lech 2001.

❖ Monaco, James: Film und Neue Medien. Lexikon der Fachbegriffe. 3500 Einträge. Reinbek bei Hamburg 2000.

❖ Neumann, Helmut: Das Lexikon der Internetpioniere. Von Amazon und Alando über Intershop bis zu Yahoo. Marc Andreessen, Bill Gates, Hasso Plattner und Linus Thorwalds. Die Enzyklopädie der Personen und Firmen, die das Internet zu dem gemacht haben, was es heute ist. Berlin 2002.

❖ Peyton, Christine: Das neue PC-Lexikon für alle. Einträge zu Hard- und Software, Internet und E-Mail, Netzwerktechnik und Telekommunikation. Düsseldorf 2002.

❖ Reil, Andreas: Lexikon. 3000 Fachbegriffe aus den Bereichen Film, TV, Fernsehen, Video und Internet. 4. Auflage. Wesseling 2001.

❖ Schanner, Dietmar: Wörterbuch der Informationstechnik und Medien. Englisch-Deutsch/Deutsch-Englisch. Berlin 2001.

❖ Sturm, Robert/Zirbik, Jürgen: Lexikon elektronische Medien. Radio - Fernsehen – Internet. Mit CD-Rom. Konstanz 2002. (=Reihe praktischer Journalismus, 40).